쾅쾅탕탕 제2차 세계대전

WOEFUL SECOND WORLD WAR
by Terry Deary, illustrated by Martin Brown

Text copyright ⓒ 1999 by Terry Deary
Illustrations copyright ⓒ 1999 by Martin Brown
All rights reserved.
Korean translation copyright ⓒ 2009 by Gimm-Young Publishers, Inc.
This Korean edition was published by Gimm-Young Publishers, Inc. in 2009
by arrangement with Scholastic Ltd. through EYA(Eric Yang Agency), Seoul.

이 책의 한국어판 저작권은 에릭양 에이전시를 통한 **Scholastic Ltd.**와의 독점계약으로
(주)김영사에 있습니다. 저작권법에 의하여 한국 내에서 보호를 받는 저작물이므로
무단 전재와 복제를 금합니다.

앗, 이렇게 재미있는 사회·역사가!

쾅쾅탕탕
제2차
세계 대전

테리 디어리 글 | 마틴 브라운 그림 | 김은숙 옮김

주니어 김영사

쾅쾅탕탕 제2차 세계 대전

1판 1쇄 인쇄 | 2009. 10. 16.
개정 1판 1쇄 발행 | 2019. 12. 5.
개정 1판 4쇄 발행 | 2024. 11. 27.

테리 디어리 글 | 마틴 브라운 그림 | 김은숙 옮김

발행처 김영사 | 발행인 박강휘
등록번호 제 406-2003-036호 | 등록일자 1979. 5. 17.
주소 경기도 파주시 문발로 197(우10881)
전화 마케팅부 031-955-3100 | 편집부 031-955-3113~20 | 팩스 031-955-3111

값은 표지에 있습니다.
ISBN 978-89-349-9891-4 74080
ISBN 978-89-349-9797-9 (세트)

좋은 독자가 좋은 책을 만듭니다. 김영사는 독자 여러분의 의견에 항상 귀 기울이고 있습니다.
전자우편 book@gimmyoung.com | 홈페이지 www.gimmyoung.com

이 도서의 국립중앙도서관 출판시도서목록(CIP)은 서지정보유통지원시스템
홈페이지(http://seoji.nl.go.kr)와 국가자료공동목록시스템(http://www.nl.go.kr/kolisnet)에서
이용하실 수 있습니다. (CIP제어번호 : CIP2019031996)

|어린이제품 안전특별법에 의한 표시사항| 제품명 도서 제조년월일 2024년 11월 27일
제조사명 김영사 주소 10881 경기도 파주시 문발로 197 전화번호 031-955-3100 제조국명 대한민국
사용 연령 11세 이상 ⚠주의 책 모서리에 찍히거나 책장에 베이지 않게 조심하세요.

차례

들어가는 말	7
주요 사건 연표	10
무시무시한 국내 전선	25
끔찍한 전투	61
동물들의 수난	98
서투른 거짓말쟁이들	107
불쌍한 청소년들	118
홀로코스트	132
끝맺는 말	143
소름 끼치는 퀴즈	145

들어가는 말

역사는 잔인하고 끔찍하다. 하지만 그중에서도 특히 잔인하고 끔찍한 시대가 있다.

물론 사람마다 생각이 다르긴 하다.

사람들은 대부분 전쟁이 벌어진 때가 가장 끔찍한 시기라는데 고개를 끄덕인다. 하지만 그중에서도 가장 잔인하고 무시무시한 전쟁은 20세기에 일어난 전쟁이었다. 전쟁에서 승리한 나라조차도 끔찍한 피해를 입었고, 신무기가 등장해 사람들이 무차별적으로 살육당했으니까. 불쌍한 어린이들과 죄 없는 아기들, 평온한 은퇴 생활을 즐기던 할머니와 할아버지들도 폭탄 공격을 당하고 목숨을 잃었다.

여러분은 비행기에 탄 군인들이 별다른 생각 없이 포탄을 던졌다고 생각하겠지? 그래도 비행기에서는 땅 위의 사람들이 겪는 고통이 안 보이니까. 하지만 공포와 죽음을 세상에 퍼뜨리면서 즐거워하는 사람들도 있다. 비록 이런 사람들은 얼마 되지 않지만, 전시에 그 악마 같은 본성을 드러낸다.

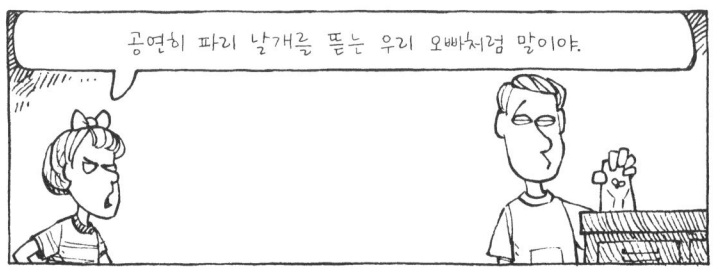

반면에 천사 같은 본성을 드러내는 사람도 있다. 이들은 자신이 옳다고 생각하는 것을 위해 목숨을 걸고 싸운다. 이런 사람이야말로 우리의 영웅이다.

대부분의 사람들은 악마와 천사의 중간쯤이다. 부디 여러분은 전쟁에서 고통당하지 않기를 바란다. 하지만 누구나 가끔은 시험에 드는 법이다. 이때 영웅이 될지, 악마가 될지 결정하는 것은 바로 여러분 자신이다.

제2차 세계 대전에서 벌어진 전투와 여러 가지 사실, 날짜, 숫자가 궁금하다면, 따분한 역사책 중에서 아무거나 골라서 펼쳐 보라. 그러나 여러분은 사람들이 겪은 생생한 전쟁 이야기를 알고 싶을 것이다. 제2차 세계 대전에서 사람들은 어떻게 행동했을까? 그리고 여러분이라면 어떻게 행동했을까?

그렇다면 여러분에게 필요한 책은 《쾅쾅탕탕 제2차 세계 대전》이다! 그러니 계속 읽어 보도록!

주요 사건 연표

1918년 11월 11일 제1차 세계 대전이 끝났다. 독일은 전쟁에서 져서 잔뜩 화가 났다. 독일인은 지도자와 배신자들 때문에 전쟁에서 졌고, 특히 모든 것이 유대인 탓이라고 투덜거렸다. 강력한 지도자만 있다면 다음 전쟁에서는 틀림없이 이길 텐데.

1930년대

1933년 독일 총선에서 국가사회당이 승리했다. 국가사회당은 간단히 줄여서 국사당 또는 나치당이라고 불렸다. 나치당의 지도자는 못된 미치광이 아돌프 히틀러였다. 나치당은 유대인을 괴롭히고 무기를 비축했다. 독일에는 스탈린이 지배하는 소련과 같은 적도 있었지만, 무솔리니가 통치하는 이탈리아 같은 동지도 있었다. 영국의 처칠은 영국인들에게 독일에 대해 경고했지만, 사람들은 그의 말에 콧방귀도 뀌지 않았다. 안타깝게도 그때는 그랬다!

1937년 유럽에서 두 개의 '경쟁 패거리'가 생겨났다. 영국과 프랑

스와 소련이 힘을 합해 '연합국' 패거리를 만들고, 독일과 이탈리아가 편을 짜서 '추축국' 패거리를 만든 것이다. 두 패거리는 싸우고 싶어서 안달이 났다.

한편 아시아에서는 일본이 중국을 공격했다. 그래서 뭐 어쨌다고? 그건 아시아의 전쟁이 곧 다가올 유럽의 전쟁과 얽히게 된다는 뜻이다.

1938년 9월 30일 영국과 프랑스는 독일과 이탈리아와 함께 전쟁은 없을 것이라고 선언했다. 영국의 네빌 체임벌린 총리는 "우리 시대는 평화의 시대다!"라고 말했다. 꿈도 참 크시지.

1938년 10월 5일 독일의 아돌프 히틀러는 피 한 방울 흘리지 않고 체코슬로바키아의 수데텐란트를 접수했다. 히틀러는 순진한 척하면서 "난 그곳에 사는 독일인 300만 명을 보호한 것뿐이야."라고 말했다(새빨간 거짓말쟁이!).

1939년 8월 23일 충격적인 일이 벌어졌다! 무시무시한 적들이 뭉친 것이다! (칫솔 모양 콧수염을 기른) 독일의 아돌프 히틀러와 (구둣솔 모양 콧수염을 기른) 소련의 이오시프 스탈린은 서로 싸우지 않기로 합의했다. 거짓말도 정도껏 해야지! 역시 콧수염을 기른 사람은 믿을 수가 없다니까.

1939년 9월 1일 거짓말쟁이 히틀러는 폴란드를 침략하지 않기로 약속해 놓고, 이날 폴란드를 침략했다. 그리고 소련과 '평화롭게' 폴란드를 나눠 가졌다. 물론 아무도 폴란드의 생각은 묻지 않았다. 영국과 프랑스는 폴란드의 자유를 위해서 싸우겠다고 말했다. 그렇다면 전쟁을 하는 수밖에!

1939년 9월 3일 영국과 프랑스가 독일에 전쟁을 선포했다.

다음 날 영국은 (콧수염도 없고 이마가 시원하게 벗어진) 윈스턴 처칠을 해군 장관으로 임명했다. 혹시 처칠이 "그러게 진작 내 말 좀 듣지!"라고 말하지는 않았을까?

1939년 11월 8일 독일의 한 술집에서 폭탄이 터져 여섯 명이 사망했다. 이 폭탄은 히틀러를 노린 것이었지만, 히틀러는 폭탄이 폭발하기 15분 전에 이미 술집에서 나가 목숨을 구했다. 히틀러는 살았지만, 덕분에 제2차 세계 대전이 일어나 수백만 명이 죽게 된다.

1940년

4월 9일 독일이 덴마크를 침략했다. 덴마크 사람들은 너무 놀라서 반격도 하지 못했다.

5월 10일 윈스턴 처칠이 영국 총리로 취임했다. 그는 "제가 여러분에게 드릴 수 있는 것은 피와 노력과 눈물과 땀밖에 없습니다."라고 말했다. 물론 훗날 처칠뿐

아니라 수백만 명의 영국 국민들이 피와 눈물을 흘리게 된다. 그리고 이날 독일의 침공을 받은 벨기에와 네덜란드 국민들도 피와 눈물을 흘렸다.

6월 프랑스에서 싸우던 영국군은 됭케르크 해변까지 후퇴했고, 결국 줄행랑을 놓았다. 처칠은 "우리는 결코 항복하지 않는다!"라고 말하며, 독일이 영국을 침공하면 영국인은 자국의 산과 거리를 방어할 것이라고 큰소리를 쳤다.

전시인데 당연히 큰소리를 쳐야지. 한편 이탈리아는 독일이 이길 것이라 믿고, 독일과 손을 잡고 연합국에 맞서 싸웠다.

6월 14일 독일군이 파리로 진격했다. 프랑스인은 "아름다운 파리가 파괴되는 것을 원치 않았기 때문에 별다른 저항 없이 파리를 포기했다."라고 말했다. 독일인은 이 비겁한 변명에 코웃음을 쳤다.

9월 7일 독일군은 대낮에 런던을 공습했고, 영국 공군은 독일 도시 수십 곳을 공습했다. 이제 군인뿐만 아니라, 여자와 어린이들도 적군의 포화에서 무사하지 못하게 되었다.

12월 일본이 독일과 손잡고 전쟁에 뛰어들었다. 이탈리아는 고대 로마가 그랬던 것처럼 그리스와 이집트를 침략했다. 이로써 북아프리카 사막에서의 전쟁이 시작되었다.

1941년

5월 10일 히틀러의 측근 루돌프 헤스는 미치광이 히틀러보다 더 정신이 오락가락했다. 그는 비행기를 훔쳐 타고 스코틀랜드로 갔다. 히틀러와 세상을 사이좋게 나눠 가지자고 처칠을 설득할 참이었다. 독일인은 헤스가 돌았다고 말했고, 영국인도 맞장구를 쳤다. 영국은 헤스를 감옥에 가두었다. 다음 날 독일은 영국 국회의사

당 하원 건물을 폭파했다. 그리고 헤스는 기나긴 여생을 감옥에서 보냈다.

6월 22일 히틀러는 스탈린과 했던 약속을 어기고(혹시 놀란 사람? 아무도 없군), 소련을 침공했다. 히틀러는 종종 큰 실수를 저질렀지만, 이것이 그가 저지른 최대의 실수였다. 왜냐고? 그야 소련은 프랑스처럼 쉽게 항복하지 않을 테니까.

12월 7일 일본 전투기가 하와이 진주만에 있던 미국 해군에게 폭탄 공격을 퍼부었다. 미군은 태평양에서 일본과 전쟁을 벌였다. 그리고 일본은 영국 식민지인 말레이 반도를 점령했다. 이제 바야흐로 정글 전쟁이 시작된 것이다.

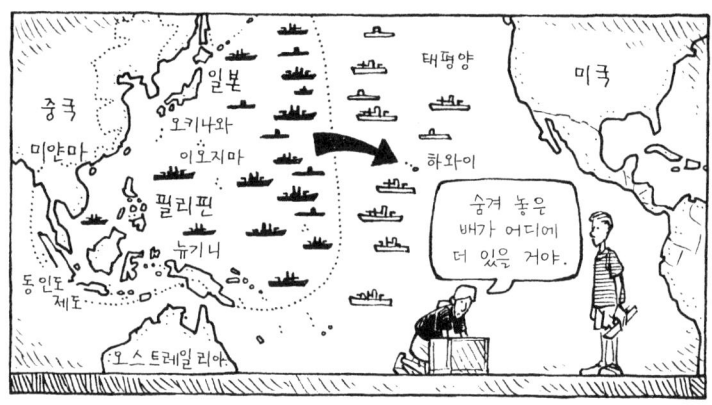

12월 11일 독일과 이탈리아가 미국을 상대로 전쟁을 선포했다. 이로써 전쟁은 진짜 세계 대전의 모양새를 갖추기 시작했다.

1942년
1월 20일 독일이 무시무시한 흉계를 꾸민 날이다. 독일 지도자들은 한자리에 모여 유대인은 인간이 아니라는 데 의견을 같이했다. 그리고 건강한 유대인은 죽을 때까지 일을 시키고, 약한 유대인은 굶겨 죽이거나 집단 처형장에서 처형하기로 의견 일치를 보았다.

5월 30~31일 영국군은 쾰른에서 하룻밤 동안 야간 공습을 감행했는데, 독일군은 이 공습으로 과거 1300차례 공습보다 더 큰 타격을 입었다.

한편 독일군은 소련군의 기세에 밀려 후퇴했고, 일본 해군은 미군의 폭격을 받았다. 이제 전세가 나치에 불리하게 돌아가기 시작했다.

8월 7일 미국 해병대가 태평양 솔로몬 제도의 과달카날에 상륙했다. 이제 전세는 일본에 불리하게 돌아가기 시작했다.

11월 4일 영국군은 북아프리카 사막에서 벌어진 엘알라메인 전투에서 독일군 탱크 부대를 물리

쳤다. 그 결과 연합국의 사기가 크게 올라갔다.

12월 2일 과학자들이 시카고 대학의 스쿼시 경기장에서 원자핵 반응을 일으켰다. 이제 원자력을 폭탄으로 만들기만 하면, 전쟁에서 승리할 수 있다. 스쿼시로 친구를 납작하게 만드는 것처럼 원자

력으로 적을 납작하게 만들면 된다. 그런데 과연 누가 최초의 원자 폭탄을 만들게 될까? 이제 바야흐로 경쟁이 시작된다.

1943년

2월 마침내 독일군이 스탈린그라드 전투에서 소련군에 패했다. 그리고 소련군은 베를린을 향해 길고도 피비린내 나는 진격을 시작했다.

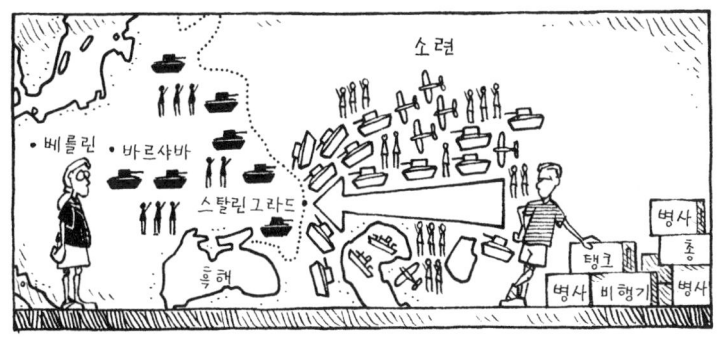

4월 19일 폴란드의 유대인들이 나치 학살자에 대항하여 일어섰다. 그들은 불과 1년 전만 해도 나치를 도와서 동료 유대인들을 수용소로 '대피'시켰다. 그것이 유대인을 위한 길이라고 철석같이 믿었으니까. 하지만 유대인 수용소

가 집단 처형장이라는 소문이 떠돌면서 진실을 알게 되었다. 유대인 반란자들은 잃을 것이 없었다. 싸우다가 죽으나 가스실에서 죽으나 마찬가지니까.

5월 16일 바르샤바의 유대인들이 몰살당했다. 어떤 사람들은 나치의 포로가 되느니 차라리 죽는 편이 낫다면서 불타는 집에서 타 죽거나 지붕에서 뛰어내렸다. 히틀러의 측근인 히믈러는 유대인 마을을 모조리 파괴하라는 명령을 내렸다.

5월 17일 영국군은 기발한 발명품(물에 던지면 튀어 오르는 물

수제비 폭탄)을 이용해서 독일의 댐을 파괴했다. 이 폭탄 때문에 독일에서는 공장의 전기가 끊겼고, 댐의 물이 넘쳐 수많은 무고한 사람들이 물에 빠져 죽었다. 여러분은 반드시 명심할 것! 목욕탕에서 폭탄을 던지는 실험은 절대 금물이다.

7월 23일 연합국은 1940년 6월 됭케르크 전투 이후 처음으로 유럽에 발을 디뎠다. 우선 시칠리아

섬의 팔레르모를 점령하고 북쪽으로 향했다. 전쟁이 시작된 지 거의 2년이나 지났지만, 베를린까지 진군하려면 아직도 멀었다.

7월 25일 연합군의 침공을 받은 이탈리아 국민은 베니토 무솔리니를 권력의 자리에서 쫓아냈다. 이탈리아인도 화풀이할 상대가 필요했던 것 같다.

1944년

4월 태평양에서는 미국이 여러 섬을 징검다리 삼아 일본을 향해 진격했다. 유럽에서는 소련군이 독일의 북부와 동부를 공략하기 위해 폴란드와 루마니아로 이동했다. 소련의 동맹인 영국군과 미국

군은 이탈리아를 거쳐 북쪽으로 진격했다. 이제 연합국에게 필요한 것은 프랑스를 통해 독일의 서부를 공격할 군대뿐이었다.

6월 6일 드디어 공격 개시! 연합군은 프랑스에 상륙해서 베를린을 향해 진군했다. 하지만 전쟁이 끝나려면 아직도 1년이나 남았다.

6월 12일 독일의 비밀 신무기인 비행 폭탄이 런던에 등장했다. 독일은 '보복(Vergeltungswaffen)'의 머리글자를 따서 이 폭탄을 'V1'이라고 불렀다. 그리고 한 달도 채 되지 않아서 거의 3000명이나 되는 영국인들이 목숨을 잃었다. 이 정도면 초

특급 무기에 걸맞는 초특급 복수였지?

7월 20일 이번에는 히틀러가 폭탄 공격을 당했다. 범인은 다름 아닌 독일군 장교였다. 히틀러의 바지는 산산조각이 났지만, 안타깝게도 히틀러는 살아남았다.

8월 31일 용감한 폴란드 반란군이 다시 한 번 독일군 침략자들을 물리쳤다. 하지만 소련과 미국 '동지들'은 폴란드 반란군을 돕지 않았다. 그래서 폴란드는 어떻게 됐느냐고? 무참히 무너졌지, 뭐.

9월 미군이 최초로 독일 땅을 밟았지만, 독일군의 거센 저항에 부딪혔다. 전쟁이 끝나려면 아직도 멀었다.

1945년

1월 27일 소련군이 아우슈비츠 강제 수용소로 진격하여, 수용되어 있던 5000명을 풀어 주었다. 수용자들은 대부분 유대인이었다. 하지만 폭약을 감춘 죄로 3주 전에 이미 처형된 젊은 여자 수용자

네 명을 구하지는 못했다.

2월 14일 연합군은 이틀 동안 독일을 공습했고, 오랜 역사를 지닌 독일 도시인 드레스덴은 공습으로 초토화되었다. 조각상이고 그림이고 교회고 할 것 없이 모조리 파괴되었다. 별건 아니지만 시민도 13만 명이나 죽었다. 정말 멋진 발렌타인데이 선물이지?

3월 12일 14세 유대인 소녀가 3개월 전에 일기를 마무리했다. 일기는 "사람들은 모두 착하다."라는 문구로 끝을 맺었다. 이 소녀는 3월 12일에 벨젠 강제 수용소에서 굶주림과 열에 시달리다가 죽었다. 하지만 소녀의 일기는 전해져 우리에게 무시무시한 경고를 하고 있다. 안네 프랑크, 정말 고맙다.

4월 28일 이탈리아의 독재자 무솔리니는 재판을 받으며 "나를 살려 주면 내 제국을 줄게!"라고 애걸했다. 그렇게는 안 되지. 결국 무솔리니는 총살당했고, 그 시체는 거꾸로 매달려 이탈리아 국민에게 좋은 구경거리가 되었다.

4월 30일 연합군이 베를린을 포위했다. 히틀러는 무솔리니 같은 신세가 되기는 싫었다. 그래서 하루 전에 결혼식을 올린 아내 에바와 애견을 죽이고, 스스로 목숨을 끊었다. 친위대는 정복자 소련

이 히틀러의 시체를 구경거리로 만들지 못하도록 시체를 태웠다. 많은 독일인들은 히틀러가 죽었다는 사실을 믿지 않았고, 또 히틀러가 죽었다는 소식을 듣고 자살한 독일인도 많았다.

5월 7일 독일 정부가 항복하면서 유럽에서의 전쟁은 끝났다. 하지만 이 전쟁에서 가장 무시무시한 극적 사건이 아직 남아 있다.

8월 6일 미국은 일본 히로시마에 최초의 원자 폭탄을 투하했다. 그리고 사흘 후 나가사키에 두 번째 폭탄을 투하하자, 일본은 더 이상 견디지 못하고 항복했다. 폭탄 하나로 단 몇 초 만에 6만 명이 죽는 판국에 적과 더 이상 싸울 수가 없었기 때문이다. 제2차 세계 대전은 6년 동안 4000만 명의 사망자를 남긴 채 드디어 막을 내렸다.

무시무시한 국내 전선

제2차 세계 대전은 과거의 어떤 전쟁과도 달랐다. 전쟁에서 안전한 곳이라고는 눈을 씻고 찾아보아도 없었기 때문이다. 죄 없는 어린이들도 침대에 누워서 만화를 보거나 학교에서 공부를 하거나 변기 위에 앉아 있다가 눈 깜짝할 사이에 목숨을 잃었다.

여러분이 어디에 있건 특공대의 공격을 받아 죽거나, 폭탄이나 미사일에 맞아 산산조각이 날 위험이 있었다. '전선'이란 전투가 벌어지는 지역을 말하지만, 이제는 전투 지역 밖에 있는 나라에도 '국내 전선'이 생겼다.

바야흐로 전쟁터뿐 아니라 집이나 학교조차도 끔찍한 역사의 현장이 되고 만 것이다.

엉망진창 노인 부대

1940년에 영국인들은 독일의 해상 침략과 공중 침략을 걱정했다. 용감한 영국인들은 엽총과 손에 잡히는 모든 무기를 동원해서 무장하기 시작했다.

영국 정부는 이 투사들을 제대로 된 군대로 조직하기로 마음먹었다. 윈스턴 처칠은 1939년부터 국토수비군을 만들고 싶어

했다. 그는 1940년 5월에 총리가 되면서 국토수비군을 창설하기 시작했다. 처칠은 50만 명이라도 와 주기를 바랐지만, 창설 첫날에 25만 명이 모였고 6월까지는 무려 150만 명이 몰려들었다. 이 군대는 초창기에 '향토의용군'이라고 불렸다.

이 부대는 훈련도 받지 못한 병사들로 구성되어 처음에는 오합지졸 부대에 불과했다. 병사들은 제대로 된 무기조차 받지 못해서, 사람을 죽일 수 있는 것이라면 닥치는 대로 가져다 무기로 삼았다. 한 소년병은 이렇게 말했다.

우리는 빗자루 손잡이로 무장하고 공장을 지키러 갔어. 난 엄마가 쓰던 부엌칼을 슬쩍해서 빗자루 손잡이에 묶어서 들고 갔지.

어떤 14세 소년은 활과 화살을 가져갔다. 뿐만 아니라 무거운 골프채를 가져간 병사도 있었다. 독일군이 진짜로 탱크를 몰고 영국으로 쳐들어왔다면, 독일군 장교가 이 모습을 보고 얼마나 무서워하며 벌벌 떨었을까!

조지 폼비라는 인기 코미디언은 국토수비군에 대해서 이런 노래를 불렀다.

나는 조국을 지키는 국토수비군이지.
조국을 지키는 용감한 국토수비군이라네.
나는 용감하게 한결같이 조국을 지킨다네.
국토수비군만 있으면 걱정할 게 없네.
나는 어느 날 밤에 조국을 지키다가 독일 병사들을 보았지.
그들은 쏜살같이 뛰었지만, 난 바람같이 도망쳤다네.
나는 국토수비군의 조국을 지킨다네.

딩디링
디디링

당시 국토수비군에 입대할 수 있는 나이는 17세부터 65세까지였다. 하지만 14세밖에 안 된 어린 소년들과 제1차 세계 대전에 참전한 80세 노인들도 나이를 속이고 입대했다. 그래서 사람들은 국토수비군을 '노인 부대'라고 불렀다.

노인 부대의 병사들은 의욕이 넘쳤다. 그들이 국가를 위해 봉사하면서 보람을 느낀 것은 좋은 일이지만, 넘치는 의욕과 달리 병사들의 실력은 형편없었다. 그래서 노인 부대는 엉망진창 노인 부대가 되었다.

국토수비군에 관한 끔찍한 사실 열 가지

1. 국토수비군은 독일군을 색출할 방법을 두고 고민했다. 적군의 낙하산 부대원들이 수녀나 목사로 변장하거나 아이 엄마 행세를 하고 다닌다는 이야기를 들었기 때문이다. 그래서 이렇게 소리를 질러서 스파이를 색출하겠다는 멍청한 아이디어를 내놓았다.

상대가 독일군이라면 자신도 모르게 팔을 쳐들고 발뒤꿈치를 붙이면서 이렇게 대답하겠지?

* '하일 히틀러'는 '히틀러 만세'라는 뜻이다.

2. 정작 국토수비군이 조심해야 할 것은 오지도 않은 적군이 아니라 자신의 무기였다. 그들은 토피 애플(꼬챙이에 꽂아 시럽을 친 사과 과자)처럼 막대기가 달린 점착 폭탄(투척 후 목표물에 들러붙어서 나중에 폭발함)을 받았다. 적군 탱크로 달려들어서 탱크 옆면에 끈적끈적한 점착 폭탄을 철썩 붙이려는 계획이었다. 하지만 많은 병사들이 폭탄을 냅다 던지는 바람에, 막대기가 탱크에 제대로 붙지 않고 폭탄이 병사들의 발밑에 떨어졌다. 아이고! 제2차 세계 대전 중에 768명의 국토수비군 병사가 사고로 죽었고, 약 6000명이 부상을 입었다.

3. 국토수비군의 가족도 위험하기는 마찬가지였다. 어떤 병사는 식탁에서 소총을 닦으며 소총이 장전되었다는 사실을 깜빡했다. 그가 방아쇠를 당기자 총이 발사되어 아무 죄 없는 그의 아내가 목숨을 잃었다.

4. 국토수비군 병사들은 전쟁 초기에 낙하산을 타고 내려오는 사람은 모두 독일군이라고 믿은 것 같다. 용감한 영국군 조종사 제임스 니콜슨은 비행 중에 독일 전투기의 기관포에 맞았다. 그는 발이 으스러지고 몸에 불이 붙었는데도, 적군의 전투기를 격추해 임무를 완수하고 나서야 낙하산을 폈다. 젊은 국토수비군 병사들은 부상을 입고 불이 붙은 채 낙하산을 타고

내려오는 그를 향해서 마구 총을 쏘아 댔다. 제임스는 사격을 멈추라고 소리를 질렀지만, 흥분한 병사들의 귀에는 아무 소리도 들리지 않았다. 아무튼 제임스는 목숨은 건졌지만, 적보다 아군인 국토수비군의 공격 때문에 더 큰 부상을 입었다(제임스 니콜슨은 이날의 공을 인정받아서 제2차 세계 대전의 전투기 조종사로는 유일하게 최고 훈장인 빅토리아 십자훈장을 받았다. 하지만 그를 공격한 국토수비군 병사들은 아무 훈장도 받지 못했다).

5. 국토수비군은 스파이 신고를 접수했는데, 가끔은 얼토당토않은 신고도 들어왔다. 한 영국 장교가 윈체스터에 갔다가 근처 마을에 있는 목사 집에 묵게 되었다. 목사 딸은 이 장교를 보자마자 독일 스파이라고 의심하고 국토수비군에 신고를 하러 달려갔다.

이 여자는 스파이를 처치하고 싶어 안달이 난 것 같다!

어떤 할머니는 전기국에서 나온 남자를 히틀러식 콧수염을 길렀다는 이유로 찬장에 가두기도 했다.

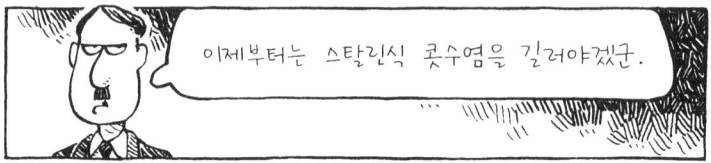

6. 학생들도 안전하지 못했다. 심지어 학교 친구들끼리 스파이라고 신고할 정도였으니까. 앨런 채드윅이라는 학생은 방과 후에 근처 비행기 공장에 가서 새 비행기를 시험하는 광경을 구경하는 것을 좋아했다. 어느 날 열일곱 살 된 국토수비군 병사가 스파이를 잡기 위해 정찰을 돌고 있었다. 그는 공장 울타리 근처에서 자전거를 타고 있는 앨런을 보고 멈추라고 외쳤다. 앨런이 그 소리를 듣지 못하자, 병사는 땅에 대고 경고 사격을 했다. 하지만 총탄이 땅에서 튕겨 나가는 바람에 앨런은 등에 총을 맞고 죽었다. 병사가 소리를 질렀는데도 앨런은 왜 멈추지 않았을까? 그건 앨런이 청각 장애인이었기 때문이다.

7. 일부 국토수비군 병사들은 자신들이 전시 경찰이라는 착각에 빠졌다. 그들은 도로를 차단하고 지나가는 사람들을 모조리 검문했다. 13km를 가는 동안에 20차례나 불심 검문을 당한 사람도 있을 정도였다!

국토수비군은 동네 우유 배달부에게도 집에 가서 신분증명서를 가져오라고 명령했다. 한편 방공팀 소속의 한 스코틀랜드 남자는 어느 날 밤에 국토수비군이 설치한 장애물을 무시하고 루카스 공군 기지를 향해 차를 운전하고 가다가 총에 맞아 죽었다.

8. 어떤 정부 측량 기사는 밭을 측량하다가 동네 주민에 의해 독일 스파이로 몰렸다. 늙은 농장 일꾼이 측량 기사의 편을 들자, 국토수비군 병사는 겁을 먹고 일꾼을 쏘아 죽였다. 이 죄 없는 농장 일꾼은 68세의 노인이었다. 병사는 신분증명서를 꺼내려고 하는 측량 기사도 죽였다. 두 사람을 사살한 병사는 1년 동안 감옥에서 지냈다. 제2차 세계 대전에서 국토수비군의 손에 죽은 무고한 영국인의 수는 무려 50명에 이르렀다.

9. 물론 영국 국토수비군은 독일 국토수비군에 비하면 아무것도 아니다. 전쟁이 끝나 갈 무렵, 59세의 농부 카를 바이글라인은 나치 국토수비군에 입대하라는 명령을 받았다. 마침 적군이 진격해 오자 나치가 마을 다리를 폭파했고, 이에 카를은 크게 화를 냈다. 그는 이웃에게 이렇게 불평했다. "이런 짓을 한 바보 같은 인간들은 교수형에 처해야 마땅해." 그런데 국토수비군 지휘관(마을 학교 교사)이 카를의 말을 엿듣고 말았다. 그는 카를을 재판정에 세웠고, 결국 처형시켰다. 늙은 농부 카를은 대문 앞에 심어 둔 배나무에 매달려 죽었고, 그의 아내는 창문에서 그 모습을 지켜보았다. 불평을 하려는 사람들에게 본보기를 보이기 위해, 카를의 시체는 사흘 동안이나 그곳에 매달려 있었다.

10. 프랑스 국토수비군은 식료품의 불법 유통을 감시하는

임무를 맡았다. 만일 어떤 식당이 배급량보다 많은 식량을 가지고 있다가 발각되면, 국토수비군은 그 식량을 가난한 사람들에게 나누어 주었다. 참 친절한 군대라고? 무슨 말씀을! 프랑스 국토수비군은 프랑스를 점령한 독일군을 도와서 경찰 노릇을 한 군대였다. 가정집을 불시에 공격하고, 이웃을 몰래 조사하고, 적군에게 자유 투사들을 일러바친 것이다. 어느 프랑스인 생존자는 이렇게 말했다.

> 프랑스 거리를 걷다 보면 '자크 뒤퐁이 여기서 독일군에게 총살되었다.'라는 푸른색 간판이 보이지. 그런데 '나치의 주구인 프랑스인의 밀고 때문에 총살되었다.'라는 엄연한 사실은 쏙 빼놓았더군.

영국의 '노인 부대'는 자신과 다른 영국인들에게 위험한 존재였다. 하지만 다른 나라의 국토수비군들은 그보다 훨씬 잔인했다.

비밀특공대

1942년 무렵에는 영국 국토수비군도 제대로 훈련을 받고 좋은 무기를 지급받기 시작했다. 하지만 영국이 침략을 당한다고 할 때 국토수비군이 얼마나 쓸모가 있었을까? 그건 아무도 모른다. 그러나 영국이 침략당할 경우에 적과 싸워서 이길 가능성이 높은 투사 집단이 있었다.

그들은 고도의 훈련을 받은 비밀특공대 집단이었다. 이 특공대는 최고의 무기와 지하 은신처를 갖추고 있었다. 이 특공대는 어떻게 비밀을 유지했을까?

a) 사람들이 모두 잠든 밤에만 훈련을 했다.

b) 지켜보는 눈이라고는 양밖에 없는 스코틀랜드 해안의 어느 인적 없는 섬에서 훈련을 했다.

c) 평범한 국토수비군 병사 행세를 했다.

> 답:
> c) 영국군의 비밀낙하산부대는 훌륭한 군인 역할을 했고 시시껄렁한 국토수비대원이라며 자신들을 놓은 산에 숨기려 했다. 그런데 낙하산부대원들이 너무 잘 훈련된 모습을 보여서 이웃들이 의심하기 시작했다. "국토수비대인데 그 수상한 훈련은 도대체 뭐요?"

프랑스의 저항

1940년에 독일군은 프랑스에 왔다가 프랑스가 너무 마음에 들어서 그곳에 머물렀다. 독일 장교들이 프랑스 술인 샴페인으로 면도를 했다는 보고도 있다.* 독일군은 프랑스 북부와 동부에 머무르면서 프랑스를 독일 영토인 양 다스렸고, 이 지역은 '독일 점령지'라고 불렸다.

*사실 독일 장교들은 면도칼로 면도를 하고, 샴페인으로는 면도칼을 헹구기만 했다.

독일군은 친절하게도 프랑스인이 비시에 정부를 세우고 프랑스 남부와 서부를 다스리는 것을 허락해 주었다. 이 지역은 '비시 프랑스' 지역이라고 불렸다. 물론 비시 프랑스 지역의 프랑스인은 독일에 혼이 나지 않으려면 행실을 조심하고 독일인처럼 행동해야 했다.

독일군은 독일 점령지에 있는 사람들이 비시 프랑스를 드나들면서 비밀 정보를 제공하고 무기를 들여오는 것을 원하지 않았다. 그래서 비시 프랑스와 독일 점령지 사이의 국경을 폐쇄했다.

참, 그리고 세 번째 유형의 프랑스인이 있었다. 독일군이 도착하자마자 영국으로 잽싸게 도망친 샤를 드골 장군이 이끄는 '자유' 프랑스인 말이다.

독일 비밀경찰(게슈타포)은 독일 점령지 사람들을 워낙 심하게 괴롭혀서, 프랑스에서는 독일의 지배를 반대하는 비밀결사대가 조직되었다. 이것이 바로 '레지스탕스'이다.

영국의 윈스턴 처칠은 특수작전부를 설립해서 레지스탕스를 돕기로 마음먹었다. 특수작전부는 비밀 유지가 워낙 철저해서 외부에서는 아무도 그 존재를 눈치채지 못했다.

1942년 무렵, 특수작전부 비밀 요원들은 프랑스에 머물면서 독일을 괴롭히는 역할을 했다. 제2차 세계 대전에서 소련 여자들이 탱크 전투와 참호 전투에 참여한 반면에, 서유럽의 여자들은 전투에 직접 참여하지는 않았지만 레지스탕스에서 용감하고 중요한 역할을 했다.

무시무시한 배신자들

1939년, 전쟁이 시작되기 직전 파리에 사는 영국인과 프랑스인과 독일인이 친구가 되었다.

독일인 친구(50세)는 나치당원이었다. 그는 휴일이 되면 경찰 흉내를 내고 다녔지만, 사실 그 진짜 목적은 전쟁이 시작되었을 때 독일 스파이가 될 사람을 찾는 것이었다.

　영국인 친구(30세)는 공립 학교를 졸업하고 신문 기자가 되었지만, 사실은 스파이가 되는 것이 꿈이었다. 그는 영국 정보부 MI6에 지원했지만 퇴짜를 맞았다.

　마지막으로 프랑스인 친구(28세)는 우수한 비행기 조종사였고, 곡예 비행단에서 묘기 비행사로 활동하기도 했다.

　전쟁이 시작되자 친구들은 각자의 조국으로 돌아갔다(하지만 전쟁 중에 파리에서 몰래 만났다).

　얼마 지나지 않아서 독일이 프랑스를 점령하면서 독일인 친구는 프랑스로 돌아왔다. 이번 목적은 스파이를 찾아내는 것이었다.

　영국인 친구는 특수작전부에 취직해서 프랑스로 스파이를 보내는 일을 맡았다. 하지만 그는 방첩 요원*인 독일인 친구에 관한 이야기는 아무에게도 하지 않았다.

　프랑스인 친구는 영국으로 가서 비행기로 스파이들을 프랑

*나라의 기밀이나 정보가 새어 나가지 않게 간첩 활동을 막는 요원.

스로 실어 나르는 임무를 맡겠다며 특수작전부에 지원했다. 그는 독일인 방첩 요원 친구가 있기는 하지만, 오히려 독일인 친구가 있기 때문에 독일군을 피하는 데 도움이 될 것이라고 주장했다.

여러분이라면 이 프랑스인을 어떻게 했을까? 그를 채용했을까? 아니면 감옥에 가두었을까? 특수작전부는 그를 채용했다. 물론 그의 영국인 친구가 특수작전부에서 아주 높은 자리에 있었던 것도 도움이 되었다.

그래서 어떻게 됐을까? 특수작전부는 1년 동안 스파이와 장비를 프랑스로 실어 날랐다. 그러던 어느 날 독일군의 기습 공격을 받아서 1500명이나 되는 특수작전부 요원들이 전원 생포되었다. 누군가 그들을 배신한 것이다.

용감한 1500명의 요원들은 고문을 당하고 죽었다. 과연 누가 그들을 배신했을까? 프랑스인 친구였을까? 그는 전쟁이 끝난 후에 재판을 받았다. 그대로 두었다면 재판에서 유죄 판결을 받았겠지만 영국인 친구가 나서서 그를 변호해 주었다.

프랑스인 친구는 풀려났고, 영국인 친구는 대영제국훈장을 받았다. 그리고 용감한 레지스탕스 투사들은 총살을 당했다.

배신자의 종말

독일은 다른 국가를 점령할 때마다 현지에서 자신들을 도울 '협력자'들을 찾아냈다. 그러나 모든 협력자들이 앞 사례의 배신자처럼 쉽게 처벌을 피해 간 것은 아니었다.

한 폴란드 레지스탕스 투사는 협력자를 이렇게 처리했다고 말했다.

> 독일군에게 우리를 일러바친 배신자는 와니 스레드니에 마을에 살았지. 우리는 그를 처형하기로 결정했어. 한밤중에 그 집에 찾아가서 놈을 묶고 근처 마을에 있는 다른 나치 정보원들의 이름을 대라고 다그쳤지. 놈이 밀고한 사람들의 이름도 대라고 말했어. 그런 뒤 마을 사람들을 죄다 모아 놓고 큰 소리로 사형 선고를 내리고, 그 자리에서 형을 집행했지. 나는 나치가 마을 사람들에게 복수하는 걸 막기 위해서 이런 편지를 남겨 두고 왔어.
> '독일군의 앞잡이들은 모조리 이 꼴을 당할 테니 각오하라.'

폴란드인은 독일군을 좋아하지 않았다. 독일군이 좋은 음식을 모조리 차지하는 바람에 피점령국 국민은 배를 굶었고, 결국 반란을 일으켰다.

폴란드 세금 징수원은 돼지가 독일 소유임을 나타내기 위해서 돼지 귀에 금속 꼬리표를 달았다. 레지스탕스 투사들은 세금 징수원을 붙잡아서 그의 귀에 꼬리표를 달아 마을 사람들을 즐겁게 해 주었다. 아이고, 얼마나 아팠을까!

여자들도 보복 공격을 당했다. 독일 병사와 사랑에 빠진 프랑스 여자가 있었는데, 마을 주민들은 전쟁이 끝나자마자 그 여자를 잡으러 왔다.

마을 사람들이 나를 잡으러 왔을 때, 문이 부서지는 줄 알았다니까. 주민들은 나를 거리로 질질 끌고 갔어. 사람들은 증오가 가득한 얼굴로 날 배신자라고 불렀지. 그리고 누군가 내 머리카락을 한 줌 잡고는 가위로 자르기 시작했어. 난 두려움을 감추려고 했지만, 번쩍이는 면도날을 보자 숨이 막힐 것 같았지. 면도날이 머리에 닿아서 얼마나 아팠는지 몰라. 군중들은 환호성을 지르며 웃어 댔어. 그들은 도랑에서 퍼낸 진흙으로 내 이마에 나치의 십자 무늬를 새겼지. 그렇게 비참한 기분은 내 평생 처음이었어.

물론 프랑스인만 배신자 처벌에 나선 것은 아니었다. 러시아의 한 레지스탕스 투사는 이런 글을 남겼다.

우리는 배신자를 쏘았다. 난 저녁때 배신자의 아내를 처단하기 위해 나섰다. 세 명의 아이들이 고아가 된 것은 가슴 아프지만, 그래도 전쟁은 전쟁일 뿐이다!

그리고 살인은 살인일 뿐이다.

레지스탕스 투사들

레지스탕스 영웅에 대해서는 책 한 권을 써도 모자랄 것이다. 용감한 여자 레지스탕스도 수없이 많았지만, 여기서는 네 명만 살펴보기로 하자.

이름: 이본느 코르모

암호명: 아네트

공로: 이본느는 런던 공습에서 남편을 잃은 후 특수작전부에서 무전 기사로 일했고, 낙하산을 타고 프랑스에 도착했다. 하지만 '로돌프' 요원이 이본느 일행을 배신하는 바람에 하마터면 붙잡힐 뻔했다. 이본느는 레지스탕스와 함께 싸우다가 다리에 총상을 입었지만, 간호사로 위장하여 무사히 검문을 통과했다. 독일군은 검문소에서 이본느의 무선 장비를 검사했는데, 이본느는 경비병에게 그것이 엑스레이 기계라고 말했다. 멍청한 독일군은 이본느의 말을 믿었다!

뒷이야기: 이본느는 전쟁에서 살아남았고, 1998년 1월에 88세의 나이로 죽었다. 이본느의 피 묻은 서류 가방과 총탄 구멍이 난 원피스는 영국 런던의 왕립 전쟁박물관에 전시되어 있다.

이름: 다이애나 로덴

암호명: 폴레트

공로: 다이애나는 영국 출신으로 어린 시절에 프랑스 남부에서 부모님과 함께 살았으며, 프랑스를 매우 사랑했다. 나치가 프랑스를 침공하자, 다이애나는 프랑스의

독립을 위해 싸우기로 마음먹었다. 다이애나는 1943년에 프랑스에 도착했는데, 이미 배신자들이 다이애나가 속한 레지스탕스 단체를 밀고한 후였다. 그 사실을 몰랐던 다이애나는 프랑스에 도착한 순간부터 미행을 당했고, 연락책을 만날 때마다 자신도 모르게 연락책을 배신하는 셈이 되었다! 한 달 후에 게슈타포에게 체포되어 고문을 당했지만, 다이애나는 결코 입을 열지 않았다.

뒷이야기: 1944년 5월, 연합군은 유럽 공격 준비를 완료했다. 나치는 다이애나를 풀어 주면 배신자들의 이름을 영국군에게 말할까 봐 걱정했다. 그래서 다이애나를 독일에 있는 강제 수용소로 보냈다. 의사는 다이애나에게 발진티푸스 예방 주사를 놓아 주겠다고 말했지만, 사실 그 주사는 독극물이 든 주사였다. 다이애나의 시체는 '증거'였기 때문에, 독일군은 시체를 소각로에 넣어 태워 버렸다.

이름: 바이올렛 스자보

암호명: 루이즈

공로: 바이올렛의 남편은 북아프리카에서 자유 프랑스군과 함께 싸우다가 죽었다. 바이올렛은 남편의 복수를 위해서 레지스탕스에 합류하기로 마음먹었다. 하지만 무전 기사가 되고 싶지는 않았다. 바이올렛은 '손에 총을 들고' 싸우고 싶다고 주장했다. 1944년 6월에 독일 정찰대와 마주쳤을 때, 다른 요원들은 도망쳤지만 바이올렛은 낙하 연습 중에 다쳤던 발목을 삐는 바람에 도망치지 못했다. 바이올렛은 동료들이 도망가는 동안에 독일군을 막다가 결국 붙잡히고 말았다.

뒷이야기: 독일군은 바이올렛을 라벤스브뤼크 강제 수용소로 보냈다. 바이올렛은 영국인이기 때문에 자신은 무사하리라고 생각했다. 그러나 1945년 2월에 수용실에서 끌려 나와 뒤통수에 총을 맞고 죽었다.

이름: 오데트 샌섬

암호명: 셀린

공로: 오데트는 레지스탕스 지도자인 피터 처칠에게 전달할 편지와 암호를 가지고 비시 프랑스를 통과했다. 오데트는 독일군에게 잡히자 자신이 피터 처칠의 아내이며, 남편은 윈스턴 처칠의 친척이라고 대담한 거짓말을 했다. 독일군은 기밀을 알아내려고 오데트를 고문했다. 독일군은 우선 발톱을 하나씩 뽑았지만, 오데트는 끝내 입을 열지 않았다. 그러자 독일군은 빛이 전혀 들지 않고 누울 곳이라고는 널빤지 하나밖에 없는 지하 감옥으로 오데트를 데려갔다. 하지만 오데트는 어릴 때 눈이 멀었기 때문에, 몇 주 동안 어둠 속에서 지내는 것쯤은 아무렇지도 않았다.

뒷이야기: 독일군이 패배하자 처칠의 친척이라는 오데트의 거짓말이 드디어 빛을 발했다. 연합군이 진격해 오자, 독일군은 강제 수용소에 갇힌 많은 비밀 요원들의 입을 막으려고 그들을 처형했다. 하지만 오데트만은 살려 두었다. 강제 수용소장은 오데트를 연합군에게 직접 데려가서 이렇게 말할 참이었다. "여기 윈스턴 처칠의 친척을 데려왔다. 내가 이 여자를 살려 줬으니까 나도 살려 달라." 오데트는 살아남았고, 오데트의 대담한 행동은 책과 영화(모두 제목이 '오데트'이다)로 만들어져 널리 알려지게 되었다.

어리바리한 레지스탕스

외국에서 스파이 노릇을 하려면 단지 그 나라 언어를 배우는 것만으로는 부족하다. 외국인의 정체를 드러내는 것은 언어뿐만 아니라 수없이 많으니까.

어리바리한 스파이 1. 특수작전부의 한 여자 요원이 낙하산을 타고 한 프랑스 도시에 무사히 도착했다. 요원은 건널목에서 조심스럽게 오른쪽만 쳐다보다가 왼쪽에서 달려드는 트럭에 하마터면 깔릴 뻔했다. 프랑스인들이 영국과는 반대 방향으로 운전한다는 사실을 깜빡한 것이다!

여자 요원은 천만다행으로 트럭에 치이지 않았다. 하지만 안타깝게도 이 광경을 본 게슈타포가 여자의 정체를 눈치채고는 그 여자를 체포했다.

어리바리한 스파이 2. '아네트'는 낙하산을 타고 프랑스 가스코뉴 지방에 도착했다. 그곳 여자들은 외출할 때 보석을 착용하는 관습이 있었다. 아네트는 보석을 착용하지 않았기 때문에 눈에 띌 수밖에 없었다. 뿐만 아니라 아네트는 그곳 사람들과 달리 수프를 수저 옆면으로 떠먹었고, 다른 여자들과 달리 큰 보폭으로 터벅터벅 걸었다.

그중에서도 아네트가 저지른 가장 허술한 실수는 프랑스 북부 독일 점령지에서 살다가 남부의 비시 프랑스로 이사했다고 거짓말을 한 것이었다. 그럴듯하게 거짓말을 하려면 서류에 국경을 넘었다는 확인 도장이 필요했지만, 아네트의 위조 서류에는 확인 도장이 없었다. 아네트는 이처럼 준비가 허술했지만, 어쨌든 살아남았다.

어리바리한 스파이 3. 비밀 요원들은 프랑스로 건너갈 때 거액의 돈을 받았다. 이 돈은 무기를 비롯한 장비를 구입하고 레지스탕스의 식량을 사기 위한 것이었다.

발칸 반도 지역의 자유 투사들은 영국 비밀 요원들이 현금으로 채워진 돈 벨트를 차고 착륙한다는 사실을 알고 있었다. 그래서 어떤 나쁜 사람들은 돈을 노리고, 착륙하는 비밀 요원들을 살해하기도 했다. "돈은 고맙지만 너희는 필요 없거든!"

영국 비밀 요원 가운데는 전쟁 전에 회사 공금을 훔쳤던 나이절 로라는 사람이 있었다. 그는 요원 훈련을 받은 후에 거액의 돈을 가지고 프랑스에 착륙했다. 그는 돈을 들고 줄행랑을 쳤고, 그 후 나이절을 본 사람은 아무도 없었다.

폴란드의 고통

1939년에 나치가 폴란드를 침공하자, 당시 독일과 불가침 조약(나라와 나라 사이에 서로 침략하지 않기로 약속하는 조약)을 맺었던 소련이 동쪽에서 진격하여 20년 전에 소련 땅이었던 폴란드의 영토를 차지했다.

소련은 폴란드 군대가 반격하는 것을 원치 않았기 때문에, 1940년 4월과 5월에……

- 폴란드 장교들을 큰 구덩이를 파 놓은 카틴 숲으로 모조리 끌고 갔다.
- 폴란드 장교들의 뒤통수를 쏘아서 죽였다.
- 장교들 시체를 구덩이에 던져 시체 무더기를 열 겹으로 쌓아서 한꺼번에 묻었다.

그리고 나서 소련군은 흙을 덮고 무덤 위에 나무를 심었고, 무덤으로 가는 길은 풀을 심어 가렸다. 그러나 3년 후에 독일군이 이 집단 무덤을 발견했다.

소련은 누구 핑계를 댔을까? 그들은 소련을 침략할 때 그 길을 지나갔던 나치의 짓이라고 주장했다.

 내 탓이 아니에요. 진짜라니까요!

문제의 뿌리를 미리 제거하기

소련은 폴란드 내의 불순분자들을 감옥에 가두었다. 그들은 다른 나라 사람과 친분이 있는 사람이라면 누구나 불순분자로 취급했다. 그래서 폴란드의 우표 수집가들을 모두 체포해서 문제의 뿌리를 미리 없애려고 했다.

훗날 소련이 라트비아를 침공했을 때 어떤 여자를 총살했다는 기록도 있다. 그 이유는 무엇이었을까?

> 여자가 라트비아 민요를 부르다가 들켰기 때문이다.

몇몇 독일군은 글을 읽고 쓸 줄 아는 러시아 농민을 모조리 죽였다. '글을 읽고 쓸 만큼 똑똑한 사람은 문제를 일으킨다.'는 것이 그들의 주장이었다.

라트비아의 소련 교도관들은 끔찍할 정도로 잔인했다. 그들은 모든 수용자들을 고문했다. 하지만 소련의 고문 방법은 독일의 나치처럼 신중하게 계획된 방법이 아니었다. 소련 교도관들은…….

- 울타리에서 떨어진 막대기로 수용자들을 때렸다.
- 수용실 문에 손가락을 끼워 으깼다.
- 머리에 얇은 책을 올려놓고 망치로 머리를 때렸다(두개골을 산산조각 내서 죽이는 것이 아니라 단지 고통만 주고 싶었기 때문이다).

어느 불쌍한 수용자는 은밀한 부분을 종이로 감싸서 불을 붙이는 고문을 당하기도 했다.

또 소련군은 수많은 폴란드인, 라트비아인, 리투아니아인,

에스토니아인 가족을 시베리아의 소련 포로수용소로 보냈다. 그런데 포로를 수송하는 기차의 상태가 워낙 나빠서, 기차가 역에 서면 시체들이 승강장으로 굴러떨어지곤 했다.

포로들은 시베리아에 도착한 후에 더욱 큰 고통을 겪었다. 영하 40°C의 날씨에 나뭇가지와 짚으로 만든 오두막이나 땅속 구덩이에서 살아야 했다. 이렇게 매서운 추위를 견디고 살아남은 어른과 어린이들은 일을 하다가 죽었다.

소련과 불가침 조약을 맺었던 독일이 1941년 여름에 소련을 침공하자, 소련 교도관들은 상상할 수 없을 만큼 잔인한 방법으로 폴란드인 수용자들을 죽였다. 여자 수용자들로 가득한 어떤 수용실에는 다이너마이트를 던져서 몰살시켰다. 어떤 수용실의 바닥에는 죽은 수용자들의 눈과 귀와 혀가 잔뜩 흩어져 있었다.

소련은 폴란드의 새로운 적인 나치만큼이나 잔인하게 폴란드인을 학살했다.

승자와 패자

제2차 세계 대전이 일어난 그해에는, 전투 지역 밖에 있는 사람들은 전쟁의 영향을 거의 받지 않았다. 그러나 시간이 갈수록 전쟁은 점점 힘들고 위험하고 치명적인 것으로 변해 갔다. 뮌헨이든 맨체스터든 밀라노든 모스크바든 어디에 있건 마찬가지였다.

평상시에도 그렇듯이 전시에도 승자와 패자가 있게 마련이다.

전쟁의 승자들

1. 코카콜라. 코카콜라는 전쟁에서 '수지'를 맞았다. 코카콜

라는 미국 병사들에게 병당 5센트에 보급되었고, 해외 청량음료 시장에서 95%를 차지했다. 미국 병사들은 전쟁 중에 무려 100억 병의 콜라를 마셨다. 1939년에 코카콜라의 해외 공장은 다섯 개에 불과했지만, 1945년이 되자 64개로 증가했다. 코카콜라가 왜 그렇게 인기를 끌었을까? 그건 물맛이 워낙 구역질 나게 지독했기 때문이다. 미군은 물을 깨끗하게 하려고 염소를 넣었기 때문에, 먹는 물에서 동네 수영장 물의 맛이 났다. 가끔은 물을 오래된 석유 탱크나 석유 드럼통에 넣어 운반하는 바람에 석유 냄새가 나기도 했다. 가루 커피는 끔찍한 맛이 났고, 과일 주스는 '시큼이'라는 별명이 붙었으며, 레모네이드 가루로 만든 음료수에서는 살균제 맛이 났다. 한편 미군에서 술은 금지 품목이었다. 어떤 탱크 부대원들은 적의 샴페인 보급품에 손을 댔다가 트럭에 치일 뻔하기도 했다. 당시 트럭에 타고 있던 사람은 그 부대의 장군이었다.

2. 담배 제조업자. 여러분도 전시에 돈을 벌고 싶다면 극장을 차리는 게 좋겠다. 1940년대에 사람들은 극장에서 담배를 많이 피웠다. 그래서 어떤 극장 주인은 극장을 돌아다니면서 바닥에 떨어진 담배꽁초를 모아 새 담배를 만들었다. 극장 주인은 담

배를 불법 제조한 죄로 감옥에 갔지만, 전선의 병사들은 여전히 이 '재활용 담배'를 즐겨 피웠다. 역시 전쟁 중에 이득을 보는 사람은 따로 있는 것 같다.

3. 암시장 상인. 식량이 귀해지면 돈 대신에 쓰이게 된다. 전시에 배급 통장 없이 식량을 사고파는 것은 불법이었다. 이런 일을 하는 사람들은 암거래상이라고 불렸는데, 독일은 암거래를 하다가 붙잡히면 총살시킬 만큼 큰 범죄로 취급했다.

그런데 1944년에 나치 장관 세 명이 암거래상이라는 의심을 받았다. 베를린 경찰청장이 이 사건을 담당하게 되어 암거래상들을 조사했다. 하지만 경찰청장은 암거래상의 친구였다! 그래서 암거래상들이 체포되고 재판을 거쳐서 벌을 받았느냐고? 바보 같은 소리! 당연히 무사통과였지!

베를린의 어느 웨이터는 '암거래' 사업을 운영했다. 그는 석유, 향수, 식량, 음료수 등의 배급이 부족할 때 이런 물건을 구해 줄 수 있었다. 이 사람은 돈을 아주 많이 벌어서 교외에 넓은 땅이 딸린 큰 집을 사서 은퇴할 수 있었다. 결국 부자가 되기는 했지만, 이것은 엄청난 위험이 따르는 일이었다. 귀중품을 찾으려고 폭탄으로 폐허가 된 곳을 뒤지다가 발각되는 사람까지도 무시무시한 처벌을 받을 정도였으니까.

4. 독일 화학 산업. 전쟁이 시작되면서 이게파르벤이라는 독일 회사는 세계에서 가장 큰 화학 회사가 되었다. 하지만 이게파르벤의 엄청난 성공은 모두 노동 착취 덕분이었다. 전 세계의 다른 공장들은 노동자들에게 월급을 주어야 했지만, 이게파르벤은 강제 노동을 이용했다. 독일의 강제 수용소는 체포된 수용자들로 가득했고, 이게파르벤은 수용자 한 명당 하루에 5마르크를 나치에게 주고 수용자들을 고용했다. 물론 수용자는 아무것도 받지 못하고 고된 노동을 했고, 노예나 다름없이 생활했다. 공장 운영자들은 강제 수용소 운영자들과 걸핏하면 이렇게 말다툼을 했다.

그래서 어느 쪽도 수용자들에게 제대로 된 식사를 주지 않았고, 수용자들은 금방 죽어 나갔다.

기진맥진한 수용자들이 죽으면 새로운 수용자가 그 자리를 채웠다. 나치는 아우슈비츠에 강제 노동 수용소를 지어서 이게파르벤의 인조 고무 공장에 노동자를 공급했다. 수용자들은 멀건 순무 수프와 톱밥이 섞인 빵을 먹었고, 수용자의 평균 생존 기간은 3개월에 불과했다.

그런데 강제 노동과 굶주림보다도 고약한 운명을 맞이한 수용자들도 있었다. 과학자들과 의사들은 나치의 허락을 받아 새로 개발한 약과 화학 약품, 수술 방법의 효과를 파악하기 위한 무시무시한 실험을 수용자들에게 실시했다. 아우슈비츠의 요제프 멩겔레 박사는 쌍둥이에게 심하게 집착하여, 샴쌍둥이를 만들겠다면서 집시 어린이 두 명을 실로 꿰매기도 했다.

　1942년에는 아우슈비츠 수용자 두 명이 탈출해 연합군에 집단 처형 수용소의 실상을 고발했다. 그들은 이렇게 애원했다. "폭격기로 독일군에게 본때를 보여 주세요." 하지만 연합군은 수많은 조종사와 군인들의 목숨을 위태롭게 하고 싶지 않았다. 그래서 아우슈비츠에서는 죽음의 행렬이 계속되었다.

전쟁의 패자들

　1. 비엔나 우체부. 오스트리아의 군인 가족들은 군인들에게 초콜릿과 비누를 보내 주려고 했다. 하지만 군대 우편을 믿을 수가 없어서 일반 우편으로 소포를 보냈다. 당시에 초콜릿과 비누는 공급이 부족해서 아주 귀한 물건이었다. 그래서 우체부 17명이 소포를 뜯어 내용물을 훔쳐서 팔기 시작했다. 비엔나 경찰은 화가 났다. 경찰은 이렇게 못된 도둑들은 반드시 처벌을 받는다는 것을 모든 사람에게 알리기 위해서, 우체부들을 비엔나 중앙 광장에 데려가서 공개 총살시켰다. 이것이 인생이다. 어제까지는 친절한 우체부 아저씨였지만, 오늘은 못된 범죄자가 되어 비참한 죽음을 맞이하는 것.

　2. 베를린에 살던 어떤 가족. 이 가족은 전쟁에서 분명한 패자였다. 바로 할아버지를 잃어버렸기 때문이다! 도대체 어떻게 된 일일까?

여러분은 이 이야기의 교훈을 잊지 말도록. 바로 할아버지를 카펫으로 돌돌 말면 절대로 안 된다는 것!

3. 독일의 라디오광. 전시 독일에서 외국 라디오 방송을 듣는 것은 불법이었다. 그리고 발각된 사람은 무서운 처벌을 받았다.

정말 바보 같은 법이지? 집 안 거실에서 어떤 방송을 듣는지 경찰이 어떻게 알겠어?

음, 과연 그럴까? 사실 독일 가정에는 꼬마 스파이들이 있었다. 히틀러 유겐트(나치 청소년 조직)에 속한 청소년들은 적국의 라디오 방송을 청취하는 부모를 고발하라는 명령을 받았던 것이다.

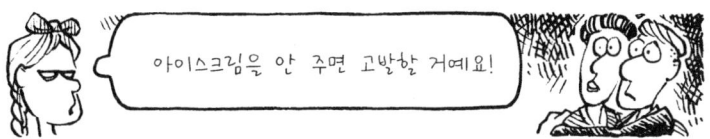

그리고 실제로 유겐트에 속한 많은 청소년들이 부모를 고발했다. 오스트리아의 한 발레 무용수는 딸에게 고발당해서 3년 동안 감옥살이를 했다.

여러분이라면 부모님을 고발하겠는가? 아니, 잠깐! 그 대답은 하지 않는 편이 좋겠다.

가족을 배신한 것은 아이들뿐만이 아니었다. 어떤 여자는 게슈타포에게 남편을 고발했다. 여자의 신고를 받은 게슈타포는 창문 아래에서 여자의 남편이 히틀러를 비판하는 소리를 들었다. 불쌍한 남편은 감옥에서 4년을 살았다.

감사의 인사를 이렇게 하는 사람도 있었다.

하지만 다른 사람을 고발하는 것도 위험했다. 어느 철도 노동자는 이웃집 여자를 거짓으로 고발했고, 결국 거짓말을 했다는 사실이 증명되어 총살당했다.

4. 레닌그라드 시민들. 1941~1942년 겨울, 독일군은 소련의 레닌그라드를 포위했다. 히틀러는 지뢰와 위장 폭탄이 가득 널린 레닌그라드로 진격해서 독일 병사들을 잃고 싶지 않았다. 그래서 '포위'라는 유서 깊은 전략을 사용했다. 독일군은 레닌그라드를 에워싸고 매일 포격하면서 소련인들이 도시 안에서 굶주림과 추위로 죽기만을 기다렸다. 그리고 실제로 많은 소련인들이 죽어 갔다.

1942년 1월, 레닌그라드에서 한 의사가 어떤 가정집을 방문했다. 그는 자신이 본 광경을 이렇게 묘사했다.

> 참담한 광경이 눈앞에 펼쳐졌어. 방 안은 어두웠고, 방바닥은 서리와 물웅덩이로 뒤덮여 있었지. 의자 몇 개를 붙여 두었는데, 그 위에는 열네 살짜리 소년의 시체가 있었어. 유모차에는 갓난아기의 시체가, 침대에는 엄마의 시체가 있었지. 큰딸은 침대 옆에 앉아서 엄마의 시체를 수건으로 문지르며 살리려고 애를 썼어. 큰딸은 단 하루 만에 굶주림과 추위 때문에 갓난아기와 동생과 엄마를 한꺼번에 잃은 거야.

 레닌그라드에서는 시민들이 굶주림에 못 이겨 시체에서 팔과 다리를 떼어 먹었다. 물론 이것은 끔찍한 일이지만 그다지 놀라운 사실도 아니다. 사람 고기를 먹는 것이 생존을 위한 유일한 방법이었으니까.
 그러나 독일 침입자들도 소련의 혹독한 겨울 날씨 때문에 피해를 입었다. 독일군은 시간이 지나자 결국 패배하고 쫓겨났다. 따지고 보면 레닌그라드 시민들은 굶주림과 추위 덕분에 전쟁에서 이긴 셈이다.

무서운 불폭풍

 전쟁에서는 누구나 자신이 옳은 편이라고 믿어야 한다. 제2차 세계 대전이 시작된 1939년 9월 3일, 영국의 네빌 체임벌린 총리는 국민에게 이렇게 말했다.

> 우리는 사악한 세력에 맞서 싸울 것이다. 우리의 적은 폭력과 불신과 불의와 억압과 박해다.

1942년, 미국에서는 복싱 챔피언 조 루이스가 단정한 군복을 입고 소총을 든 채 이렇게 말하는 포스터가 붙었다.

사실은 상대편도 똑같은 믿음을 가지고 있었다. 하지만 대개 하느님은 누구의 편도 들어주지 않는다.

전쟁은 모두 끔찍하지만, 제2차 세계 대전은 특히 끔찍했다. 전쟁터에서 멀리 떨어진 마을에도 폭탄이 떨어져서 수많은 무고한 민간인들이 죽었기 때문이다. 적군의 무자비한 폭격으로 한 도시가 파괴된 사건에 관한 섬뜩한 사실 열 가지를 살펴보자.

이 중에서 단 한 가지만 거짓이다. 과연 어떤 것일까?

런던-1945년 2월 13일

1. 이날은 사육제가 시작되는 참회의 화요일(40일 동안 그리스도의 수난을 기념하는 사순절이 시작되기 하루 전날)이었다. 어린이들은 이날 하루만큼은 전쟁을 잊고, 화려한 의상을 입고 도시를 행진했다. 거리에서는 수많은 가족들이 즐겁게 서커스를 구경하고 있었다. 이때까지만 해도 어떤 경고 신호도 없었고, 무슨 일이 벌어질지 아무도 예상하지 못했다.

2. 맨 처음 등장한 것은 조명탄 투하 비행기였다. 비행기는 런던 상공에 나타나서 붉은색 조명탄을 떨어뜨렸다. 조명탄은 도시 중심부의 200m 상공에서 맴돌면서 폭격기에 길을 알렸다. 국토수비군의 전투기가 이륙해서 조명탄 비행기를 쏴 떨어

뜨렸지만, 겁을 잔뜩 집어먹은 지상의 포병 부대원들은 자기편 비행기를 쏘아 댔다. 사람들은 섬광을 보고 숨을 곳을 찾아 지하 방공호로 달려갔다. 하지만 공습경보는 울리지도 않았다.

3. 마지막 서커스 무대가 시작되었고, 광대들은 당나귀를 타고 원형 무대로 입장했다. 그리고 드디어 경고 방송이 울려 퍼졌다.

적군의 대규모 선발 폭격기 부대가 방향을 바꾸어서 런던을 향해 다가오고 있다. 시민들은 즉시 지하로 대피하기 바란다. 경찰은 야외에 남아 있는 사람들을 모조리 체포할 것이다.

4. 밤 10시 13분에 첫 폭탄이 투하되었다. 폭탄에서 고성능 폭약이 흩어져서 건물이 파괴되었고, 시민들은 지하 방공호에 꼼짝없이 갇히게 되었다. 하지만 아직 최악의 상황이 온 것은 아니었다. 산소에 굶주린 불길이 공기를 빨아들였고, 세찬 바람이 불어와 불길이 거세졌다. 불길은 더욱 뜨거워지면서 공기를 세차게 빨아들였고, 바람은 더욱 세차게 불어 불길을 부채질했다. 이것이 바로 폭격기가 노렸던 불폭풍 효과였다. 화염

이 소용돌이치면서 나무가 뿌리째 뽑혔고, 사람들이 불꽃의 중심부로 빨려 들어갔다.

5. 2차 폭격기 부대는 새벽 1시 30분에 도착했다. 적군은 뜨거운 액체가 담긴 폭탄을 투하해 도시 전체에 뜨거운 액체를 뿌려서 런던을 거대한 모닥불 더미로 만들었다. 300km 떨어진 곳에서도 선발대가 남긴 불길이 훤히 보였기 때문에, 적군의 폭격기는 쉽게 런던을 찾아왔다. 그런데 이번에는 국토수비군 전투기가 지상에만 머물렀다. 정확한 이유는 아무도 모르지만, 어떤 사람들은 비행장과 연락이 끊겼기 때문이라고 추측했다. 폭격기는 자유롭게 하늘을 누비면서 무시무시한 폭탄을 마음 내키는 대로 투하했다. 그날 밤 런던 상공을 누빈 적군 비행기 1400대 중에서 단 여섯 대를 제외한 1394대가 무사히 고국으로 돌아갔다. 화염 속에서 서커스 텐트가 무너지고, 회색 얼룩무늬 아랍 말들이 두려움에 떨면서 원을 그린 채 옹기종기 모여 있었다. 말의 반짝이 의상이 불길 속에서 희미하게 반짝였다.

6. 수요일 새벽이 밝았다. 재의 수요일(사순절이 시작되는 날)이었다. 생존자들은 폐허가 된 도시 속에서 기어 나왔다. 폭이 5km나 되는 황갈색 연기 구름이 도시 상공을 떠돌며 재를 몰고 다니다가, 25km 떨어진 전쟁 포로수용소에 재를 떨어뜨렸다. 말 그대로 재의 수요일이었다. 그때 3차 폭격기 부대가 도착해서 11분 동안 죽음의 공격을 퍼부었다. 적군의 장거리 전투기는 낮게 비행하면서, 움직이는 것이라면 어떤 것이건 마구잡이로 기관총으로 쏘아 댔다. 어떤 전투기는 어린이 합창단을 기관총으로 쏘기도 했다.

7. 지하실에 갇혀 있던 사람들은 이웃집과 맞닿은 벽을 허물었다. 사람들은 거리로 나가는 탈출구가 막히자, 나가는 길을 찾으려고 이웃집의 벽을 계속해서 무너뜨렸다. 하지만 연기가 지하실로 흘러들어 숨을 쉴 수가 없었다. 마침 휴가를 받아 집에 와 있던 한 육군 장교가 불길 때문에 탈출구가 막혀 지하실에 갇혀 있던 60명의 사람들을 도와주려고 했다.

장교의 말을 듣지 않은 사람들은 결국 목숨을 잃었다.

8. 적군의 주요 목표물은 기차역이었다. 수요일 아침이 되자 기차역에는 아이들의 시체가 높은 산을 이루었다. 화려한 사육제 의상을 입고 있는 아이들의 시체도 많았다. 하지만 역은 파괴되지 않았고, 기차는 다음 날부터 다시 달리기 시작했다. 수만 명의 사람이 죽었지만 적군은 별다른 소득을 거두지 못한 셈이다.

9. 영국은 공습 피해를 계산하기 시작했다. 공습 후 일주일이 지났는데도 런던에는 아직 묻지 못한 시체가 산을 이루었다. 사람들은 시체의 신원을 밝히기 위해서 시체를 도로 위에 줄지어 눕혀 두었다. 구호 요원들에게는 담배와 술을 주어서 악취를 참도록 했다. 시민들은 구호를 돕기 위해 동원된 전쟁

포로들을 공격했다. 하긴, 시민들도 누군가 보복할 상대가 필요했겠지.

10. 시체는 관이나 수의도 없이 집단 무덤에 묻혔다. 주로 신문지에 돌돌 말린 시체가 많았고, 빈 시멘트 포장지에 담긴 시체도 있었다. 사망자가 너무 많아서 셀 수도 없을 정도였다. 어떤 사람들의 추측에 따르면, 사망자는 13만 5000명가량이었다고 한다.

> 덧붙임: 문짝살이 사자가, 가지, 끝 등 세개에 쓰는 것 때 파피루스 만들기 아이야. 기르는 파피루스 줄기 나서 시체를 파피루스 이 등 거피에 말려, 늙은이 시체에 운행된 뒤에 도움에 이 개 높게는 높게 그 폴록 그 옮겨서 그들을 사자비이 만든다. 이 파피루스 만든다.

끔찍한 전투

제2차 세계 대전에 참전한 군인들이 태어날 때부터 군인은 아니었다. 여러분의 부모님이나 선생님처럼 보통 사람들이었다(뭐, 꽤 정상적인 선생님들도 있으니까). 병사들은 군대에 입대해서 평상시에는 꿈도 꾸지 못했던 일을 하라는 명령을 받았다. 단순히 사람들을 죽이라는 명령이 아니라, 상상할 수 없을 만큼 잔인한 방법으로 죽이라는 명령이었다.

총살 명령

여러분도 전쟁에 나간다면 무시무시한 명령을 받을 것이다. 그런데 문제는 자신이 저지른 끔찍한 행동을 가슴에 품고 평생을 보내야 한다는 것이다. 다음 이야기는 실제로 일어났던 일이다. 이것이 여러분에게 일어난 일이라고 상상해 보라.

- 나는 미얀마에서 적군인 일본군을 향해 정글을 뚫고 진격하는 영국군이다.
- 우리 정찰대는 일본군의 스파이가 거의 분명한 마을 주민 세 명과 열 살짜리 소년 한 명을 생포했다.

- 내가 포로를 놓아주면, 그들은 우리 진지를 적군에게 밀고해서 모든 전우들의 생명이 위험에 처할 것이다.
- 장교는 미얀마 주민들을 총살시키기로 마음먹고, 나에게 총살집행대가 되라고 명령한다.

여러분이라면 어떻게 할 것인가?

a) 명령을 거부하고 다른 병사에게 맡겨 달라고 장교에게 부탁한다.
b) 주민들은 쏘겠지만 소년은 놓아 달라고 호소한다.
c) 복종한다. 주민들과 소년을 총살한다.

여러분의 선택은?

사실 여러분에게는 선택권이 없다.

만일 여러분이 a) 명령을 거부하면, 장교는 여러분을 총살하고 소년과 주민들을 죽일 것이다.

이 실화 속의 병사는 b)를 선택했고, 장교에게 소년을 놓아 달라고 애걸했다. 장교는 소년이 도망치면 부대의 위치를 적에게 알릴 것이고, 그러면 모두가 죽는다고 설명했다. 소년을 죽이지 않으면 하루 24시간 감시해야 하는데, 그것은 매우 어려운 일이라고도 말했다.

병사는 c)의 방법대로 장교에게 복종할 수밖에 없었다. 그 후 50년 동안 이 사건이 악몽이 되어 괴롭히더라도 어쩔 수 없었다. 그는 이렇게 말했다.

> 소년은 눈가리개를 하지 않고 총살집행대 앞에 섰지. 소년은 두 번째 차례였기 때문에, 이미 다른 주민이 처형되는 모습을 봤어. 자신의 차례가 되자 소년은 공포로 와들와들 떨더군. 가까운 거리에서 총을 쏘았기 때문에 나는 정말 참혹한 광경을 보게 되었지. 그 광경을 결코 잊을 수가 없어.

이것이 전쟁이다. 전쟁은 희생자뿐 아니라 생존자에게도 영향을 끼친다. 많은 병사들이 이렇게 끔찍한 기억을 안고 전쟁터를 떠났다.

잠깐 퀴즈

전쟁 영화에서 보는 것과는 달리 전쟁은 깔끔하고 정돈된 모험이 아니다. 전쟁이란 지저분한 것이다. 얼마나 지저분하냐고? 다음 문제를 보고 정답을 맞혀 보라.

1. 영국군이 이탈리아로 항해하는 도중에 많은 병사들이 멀미를 했다. 병사들은 어디에 토했을까?

a) 바다에 토했다.
b) 젖은 종이봉투에 토했는데, 봉투가 뺑 하고 터졌다.
c) 대형 석유 드럼통을 공동으로 사용했다. 이 드럼통은 토사물로 차곡차곡 채워졌다.

> 대형 드럼통이 벌써 찼어. 그래도 다행히 드럼통이 넘어져서 다시 깨끗하게 비었으니까 걱정 마.

2. 미군이 태평양의 괌을 점령한 일본군을 공격하면서 전투가 벌어졌다. 그런데 이 전투에서 이례적인 '승자'가 등장했다. 과연 누구였을까?

a) 개구리

b) 파리

c) 상어

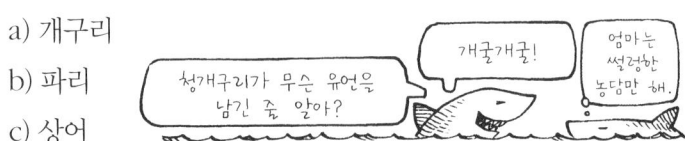

3. 영국군은 인도 코히마에서 참호에 숨어 일본군과 싸웠다. 이때 영국군이 방패로 사용한 것은?

a) 일본군 병사의 시체

b) 말의 시체

c) 성경책 상자

4. 미군 낙하산 부대원들은 영국군 낙하산 부대원들보다 안전하게 착륙했다. 그 이유는?

a) 군화 밑창에 스프링이 있어서 부드럽게 착륙했기 때문에

b) 낙하산이 두 개였기 때문에

c) 영국 병사들보다 지방이 많아서 착륙할 때 충격이 덜했기 때문에

5. 1941년에 독일군은 소련군과 싸울 때 담배를 피우지 않는 병사만 골라서 정찰 임무를 맡겼다. 그 이유는?

a) 담배를 피우지 않는 사람은 냄새를 잘 맡아서, 코를 킁킁거려 적군을 쉽게 찾아냈기 때문에

b) 담배를 피우는 사람은 불붙은 성냥과 담배 연기 때문에

위치를 쉽게 들켰기 때문에

c) 담배를 피우는 사람은 눈에 담배 연기가 들어가서 제대로 총을 쏠 수 없었기 때문에

6. 독일군 병사들은 러시아의 혹독한 겨울을 나기 위해서 질 좋은 군화가 필요했다. 독일군 사령관은 소련군 73명을 사살한 후에 병사들에게 소련 병사의 군화를 벗겨서 신으라고 명령했다. 하지만 꽁꽁 얼어붙은 군화는 좀처럼 소련군 발에서 벗겨지지 않았다. 사령관은 어떤 명령을 내렸을까?

a) "그냥 포기해라."
b) "군화를 석유에 적시고 불을 붙여서 녹여라."
c) "다리를 잘라라."

7. 북아프리카에서 한 이탈리아군 사령관은 미처 부대를 통솔해 보기도 전에 죽었다. 어떻게 죽었을까?

a) 낙타에서 떨어져 목이 부러졌다.
b) 타고 있던 비행기가 이탈리아군의 공격을 받아서 떨어졌다.
c) 의자에서 자고 있던 전갈을 깔고 앉는 바람에 전갈에게 엉덩이를 물렸다.

8. 파리의 한 나치 고문 전문가는 팬티 차림으로만 고문을 했다. 그 이유는?
a) 물고문 도중에 옷이 젖을까 봐 옷을 벗었기 때문에
b) 뜨거운 꼬챙이가 바지에 스쳐 불이 붙었기 때문에
c) 자다가 게슈타포에게 끌려와 옷을 입을 틈도 없이 용의자를 심문했기 때문에

답:

1. c) 병사들은 갑판 위로 올라갈 수 없었기 때문에, 여러분 아빠가 유람선에서 그랬던 것처럼 바다에 토할 수가 없었다. 갑판 쪽 개폐 장치는 낮에는 열렸지만, 밤에는 잠겨 있어서 공기가 아주 답답했다. 그래서 많은 병사들이 밤에 뱃멀미로 고생했다. 병사들은 대형 석유 드럼통을 공동으로 사용했는데, 배가 파도로 인해 출렁거리면 토사물이 드럼통 안에서 철벅거렸다. 철벅! 후루룩! 벌컥(여러분들은 설마 맛있는 학교 급식을 먹은 후에 이 책을 읽고 있는 건 아니겠지?)! 연합군이 프랑스를 침공하기 위해서 영국 해협을 건널 때, 미군은 멀미약을 주었고 영국군은 종이봉투를 주었다. 한 특공대원은 당시 상황을 이렇게 전했다.

> 상륙은 성공적이었다. 병사들은 배로 돌아가서 지독한 멀미에 시달리느니 독일군의 총탄에 맞는 편이 낫다고 생각했기 때문이다.

2. b) 병사들의 시체가 워낙 많았기 때문에, 일본군은 시체를 모두 묻지 못했다. 덕분에 썩어 가는 시체 위에서 파리 떼가 신 나게 잔치를 벌였다. 괌에는 파리를 주로 먹고 사는 개구리가 수천 마리나 됐지만, 파리 떼에는 상대도 되지 않았다!

섬 전체에 파리가 들끓었다. 미군은 괌에 상륙해서 강력한 파리 퇴치제를 사용했다. 덕분에 파리는 물리칠 수 있었지만, 그 냄새가 워낙 강해서 일본군은 어둠 속에서도 미군 진지를 쉽게 찾을 수 있었다. 그렇다면 방법은 두 가지 중에 하나밖에 없었다. 파리에게 잡아먹히거나 아니면 적군의 총에 맞아 죽거나.

3. a) 한 장교는 이런 글을 남겼다.

> 그곳은 냄새가 지독했다. 전투가 한바탕 휩쓸고 간 후라서 땅은 포격으로 모조리 파헤쳐졌고, 사람 시체가 썩은 채 나뒹굴었다. 사람들은 땅을 파면서도 토했다. 어떤 참호에서는 부패한 일본군 시체를 모래주머니 대신에 쌓아 두었다. 어디를 파더라도 시체나 오물이 나왔다.

4. b) 미군 병사들은 낙하산이 안 펴져도 여분의 낙하산이 있다는 것을 알기 때문에 안심하고 비행기에서 뛰어내렸다. 반면에 영국 병사들은 낙하산이 안 펴지면 땅바닥에 철퍼덕 부딪쳐 딸기잼 신세가 되었다. 낙하산 부대에서는 불량 낙하산을 비웃는 노래가 큰 인기를 끌었다. 병사들은 '손 브라운의 시체'라는 곡조에 맞추어 노래를 불렀다.

> 그는 땅에 착륙했네.
> '철퍼덕' 소리가 나며 피가 높이 솟구쳐 올랐지.
> 친구들은 이렇게 말했다네.
> "오, 이 얼마나 아름다운 죽음인지."
> 친구들은 시체를 낙하산으로 돌돌 말고
> 묵구나무를 세워 부츠를 벗겼지.
> 그는 이제 더 이상 뛰어내릴 수가 없다네.

영국군은 여분의 낙하산이 자리를 너무 많이 차지한다는 핑계를 댔지만, 사실은 20파운드나 하는 낙하산 값을 감당할 수가 없어서 여분의 낙하산을 주지 않았다. 그러니까 영국 낙하산 부대 병사들의 목숨 값은 20파운드도 안 되었다는 뜻이다.

5. a) 소련 농민군은 눈이 쌓인 평지에서 머리카락도 안 보이게 잘 숨었지만, 냄새가 지독해서 금방 들켰다. 코가 예민한 독일군은 소련군 병사들이 눈에 보이기도 전에 냄새로 눈치를 채고 재빨리 소련군 병사들을 쏘아 죽였다. 소련군은 싸구려 담배와 땀 냄새를 풍겼다. 옷 속에 사는 이를 죽이기 위해서 향수를 뿌렸기 때문에 향수 냄새도 났다. 냄새가 지독한 이 향수는 이를 소탕하는 데는 도움이 되었지만, 독일군에게 그 냄새를 들키면 죽을 수도 있었다. 그건 그렇고, 히틀러는 담배를 지독히 싫어했고 나치 과학자들은 일찍이 흡연이 암을 유발한다는 사실을 증명했다. 그것도 다른 사람들이 미처 그 생각을 하기도 전에, 무려 20년이나 앞서서 말이다. 나치 과학자들이 이 사실을 세계에 알렸더라면 수백만 명의 목숨을 구할 수 있었을 테고, 이것이야말로 진정한 변화였을 텐데!

6. c) 이탈리아 병사들은 독일군과 더불어 러시아의 혹독한 겨울을 견디면서 싸웠다. 이탈리아 병사들은 골판지 군화를 신었고, 독일군 병사들도 그만큼 형편없는 군화를 신었다. 이탈리아와 독일 병사들은 기회가 생길 때마다 소련군의 군화를 빼앗아서 신었다. 군화가 죽은 소련군 시체의 발에 꽁꽁 얼어붙어서 벗겨지지 않으면, 사

령관은 무릎 아랫부분을 자르라고 명령했다. 이렇게 잘린 다리를 병영으로 옮기고 오븐에 10분간 녹이고 나서야 비로소 군화가 벗겨졌다.

7. b) 실수로 발사된 이탈리아 대공포(공중을 향해 쏘는 포) 때문에 이탈리아에서 리비아로 향하던 이탈리아군 비행기가 격추되면서, 비행기에 타고 있던 발보 사령관이 사망했다. 북아프리카 사막에서 싸우던 이탈리아군은 고생이 이만저만이 아니었다. 1940년 9월, 이탈리아군은 영국군을 공격하려고 탱크를 끌고 출발했다. 하지만 안타깝게도 길을 잃고 같은 곳을 빙빙 돌다가 그만 물과 석유가 바닥나고 말았다. 이탈리아군은 막상 영국군을 만나자 겁을 먹고 도망쳤다. 이탈리아군을 이끌던 '전기 수염'(이건 맹세코 진짜 별명이다!) 베르곤촐리 장군은 도망친 병사들을 전쟁터로 다시 끌고 나갔다. 그러나 12월 초에 이탈리아군은 패배했다. 영국군은 이탈리아 군인들이 하나같이 포로로 잡혀갈 준비를 이미 마쳤고, 그중 많은 사람들이 여행 가방까지 단정하게 꾸리고 수용소에 가기만을 기다리는 것을 보고 깜짝 놀랐다. 전기 수염도 충격을 받았다.

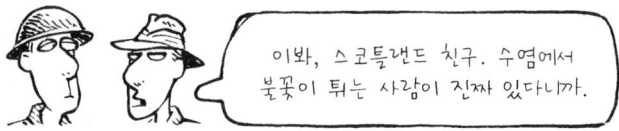

8. a) 1944년에 프랑스 레지스탕스 무전 기사 디디 네아르느가 체포되어 나치의 심문을 받았다. 그들은 디디가 원하던 정보를 주지 않자 고문실로 보냈다. 나치는 디디를 찬물에 집어넣고 익사 직전까지 머리를 물속에 담갔다. 그런 다음에 디디를 물에서 끌어내어 심문했다. 고문 전문가는 옷이 물에 젖는 게 싫어서 옷을 벗었다. 하지만 창피해서 팬티는 입고 있었다. 디디는 고문을 받았지만 동료들을 배신하지는 않았다. 마침내

> 못된 나치 고문 전문가는 디디에게 이렇게 물었다. "목욕을 하니까 좀 개운하지?" 디디는 용감하게도 미소를 지으며 이렇게 대답했다. "아주 개운해요!" 디디는 결국 끝까지 살아남았다.

이상한 음식

전쟁에서 이기는 한 가지 방법은 적군을 굶기는 것이다. 그렇게 하려면 적의 식량 보급을 끊으면 된다. 물론 적군도 여러분에게 똑같은 짓을 하려고 하겠지?

영국은 외국에서 많은 식량을 수입해야 했기 때문에, 독일군은 잠수함을 이용해서 영국의 식량 보급선을 침몰시키려고 했다. 영국인도 식량이 부족해 고통을 겪었지만, 독일인의 고통은 이보다 훨씬 심각했다.

그래서 사람들은 먹고 싶은 음식이 아니라, 먹을 수 있는 것이라면 닥치는 대로 먹어 치웠다. 미국 육군은 병사들에게 다음과 같은 지침이 담긴 책을 주었다.

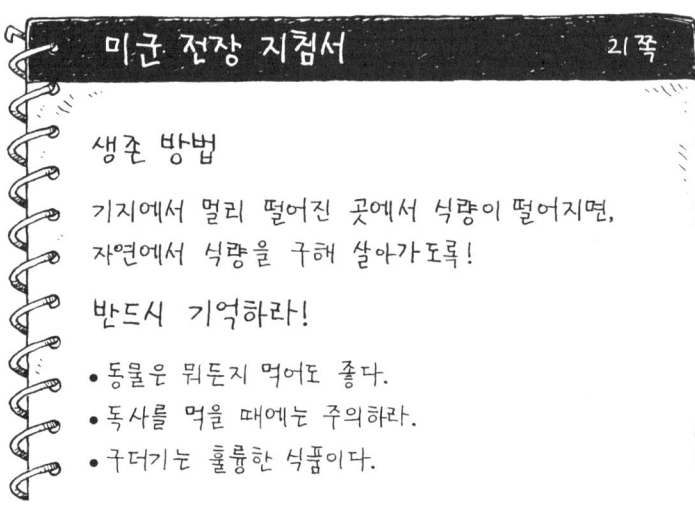

미군 전장 지침서   21쪽

생존 방법

기지에서 멀리 떨어진 곳에서 식량이 떨어지면, 자연에서 식량을 구해 살아가도록!

반드시 기억하라!
- 동물은 뭐든지 먹어도 좋다.
- 독사를 먹을 때에는 주의하라.
- 구더기는 훌륭한 식품이다.

- 메뚜기는 맛이 있지만, 먹기 전에 다리와 날개를 뗀다.
- 쐐기벌레는 먹지 않는다.

어때, 역사란 정말 놀랍지? 쐐기벌레에 대한 지침은 60여 년 전의 것이지만, 지금도 여전히 유용한 지침이다. 나중에 양배추 밭에 들어가서 아무리 배가 고프더라도 절대 쐐기벌레를 먹으면 안 된다는 사실만 기억하자. 대신에 땅을 조금만 파면 맛난 지렁이 몇 마리를 잡을 수 있으니까 걱정할 것 없다.

필리핀의 바탄 반도에서 굶주리던 미군 병사들은 햄버거 가게에서는 절대로 살 수 없는 희귀한 음식을 발견했다.

여러분이라면 과연 작고 귀여운 원숭이를 먹었을까? 여러분도 바탄 죽음의 행진에 참가했다면 아마 그랬을걸. 일본군은 필리핀에서 생포한 미군과 필리핀군 전쟁 포로 7만 명을 굶기

면서 강제로 행진시켰다. 1942년 4월 9일, 전쟁 포로들은 정글을 통과해서 100km를 강제 행진했다. 포로들은 발로 차이거나 맞아 가면서 굶주린 채 걸었고, 도중에 쓰러진 포로들은 총살당했다. 7만 명 가운데서 수용소에 도착한 포로는 5만 4000명에 불과했다. 7000~1만 명은 행진 도중에 죽었고, 나머지는 정글로 도망쳐서 원숭이를 먹으며 살아가거나 굶어 죽었다.

전쟁이 끝난 후에 이 행진을 계획한 일본 장교는 지나치게 잔인한 행위를 저질렀다는 이유로 처형되었다.

무시무시한 배고픔

제2차 세계 대전 중에 쓰인 가장 유명한 일기는 나치를 피해 숨어 지냈던 유대인 소녀 안네 프랑크가 쓴 일기다. 하지만 안네 프랑크 외에도 일기를 써서 자신이 겪은 고통을 길이 남긴 어린이들이 많다.

1942년에 일본이 인도네시아를 침공했을 때, 네덜란드 소년 로버르트 데 후이는 가족과 함께 자바에 살고 있었다. 로버르트와 엄마는 아빠와 헤어져서 다른 포로수용소로 끌려갔다. 로버르트 가족은 3년 동안 끔찍한 배고픔에 시달렸지만, 그래도 살아남았다. 아래 이야기는 로버르트의 일기를 번역한 것이다.

> 1일째
> 우리는 수용소에 도착해서 수용소장을 기다리라는 지시를 들었다. 지글지글 끓는 햇볕 아래 축구장에서 차렷 자세로 서서 2시간 동안 기다려야 했다. 아기들은 빽빽 울어 대고 사람들은 픽픽 쓰러졌지만, 아무도 앉을 수가 없었다.

73일째

자나 깨나 음식 생각뿐이다. 어떻게 하면 음식 생각이 안 날까? 우리는 놀거나 잠을 잔다. 그러면 음식 생각이 덜 나니까. 배급은 날마다 조금씩 줄어든다. 처음엔 잘 모르지만, 처음 도착했을 때를 생각하면 느끼게 된다. 저녁 식사는 대개 멀건 채소 수프와 쌀밥이다. 우리는 음식량을 늘리기 위해서 당근과 양파, 양배추와 토마토를 재배했다. 하지만 경비병들이 우리 채소를 훔치려고 하기 때문에 채소를 잘 지켜야 한다.

236일째

엄마는 내가 이제 다 컸으니까 일을 도와야 한다고 하셨다. 그리고 내게 화장실 청소를 맡기셨다. 그런데 워낙 많은 사람들이 화장실을 쓰는 데다가 설사가 기승을 부려서 화장실은 엉망이다. 벽에는 오줌이 묻었고 응가 얼룩까지 있다. 하지만 난 신경 쓰지 않는다. 전용 대걸레까지 갖추고 나니까 제대로 된 일을 하는 것처럼 제법 뿌듯한 기분이 든다.

377일째

오늘은 중요한 날이다. 적십자에서 식량 꾸러미가 도착했다. 정말 다행이다. 개와 고양이는 벌써 몇 달 전에 모조리 바닥이 났고, 쥐는 아예 잡히지도 않는다. 식량이 워낙 귀해서 쥐도 이사를 간 모양이다. 우리는 햄 한 개를 다섯 명이 나눠 먹었다. 나는 건포도 열 개, 말린 무화과 세 개, 담배 한 대, 우표만 한 초콜릿 한 조각을 받았다. 그리고 담배는 건포도 열 개와 바꿔 먹었다.

580일째

정말 힘들다. 수용자들은 매일같이 이가 부러져 잇몸에서 피가 흐른다. 머리카락도 군데군데 빠지고, 굶주림과 병 때문에 배만 잔뜩 불렀다. 탁구공만 한 종기가 난 사람도 있고,

다리에 궤양이 덧난 사람도 있다. 하지만 아무리 찾아도 붕대를 만들 재료가 보이지 않는다.

701일째
전쟁이 끝난단다. 용감한 아줌마들이 수용소에 라디오 부속품을 몰래 가지고 들어왔다. 그러다가 걸리면 처형될 텐데. 라디오에서는 일본군이 미군에게 질 것이라고 말한다. 우리는 전쟁이 끝나기만을 매일 학수고대한다. 예전에는 자유롭게 돌아다니고 마음껏 먹었는데, 지금은 그 기분이 어떤 것이었는지 기억조차 나지 않는다.

727일째(마지막 날)
우리는 어젯밤에 들판으로 모이라는 이야기를 들었다. 하지만 밤에 나갔다가는 총살당할 것이 뻔하다.
오늘 밤에는 경비병이 보이지 않는다. 그런데 달빛 아래서 수용소 문이 열리는 것이 보였다. 하지만 아무도 밖으로 나가지 않았다. 어디로 가야 할지를 몰랐으니까. 그런데 오늘 아침에 영국 군인들이 수용소로 들어왔다. 우리는 일본 경비병들에게 훈련받은 대로 군인들에게 머리를 숙였다. 영국 군인들은 우리더러 그러지 말라고 했다.

자유의 날 3일째
오늘 오후에 어떤 사람이 수용소로 들어왔다. 엄마는 그 사람이 아빠라고 말씀하셨다. 나는 아빠를 3년 반 동안 보지 못해서 전혀 알아보지 못했다. 아빠도 엄마와 나를 거의 알아보지 못하셨다. 하지만 우리는 함께 있다.
이제 악몽은 끝났다.

전쟁 체험

전쟁에 관한 역사책을 읽는 것도 좋은 방법이다. 하지만 여러분은 안전하고 아늑한 교실에 앉아 있고, 어려운 단어를 알려 주는 친절한 역사 선생님도 있다. 어쩌면 의자도 아주 아늑하고 편안할 것이다. 그러니 여러분은 전쟁 중에 사람들이 어떤 일을 겪었는지 전혀 느껴 볼 수 없다.

물론 근처 육군 병영에 가서 사격 연습용 표적으로 써 달라고 자원하는 방법도 있다. 하지만 여러분에게 반격할 총을 줄 것이라고 기대하지는 말도록.

어떻게 하면 진짜 전쟁이 어떤 것인지 느낄 수 있을까? 전쟁을 느끼고 싶은 여러분에게 권할 만한 게임이 있다. 이 게임은 폭우가 쏟아지는 날씨에 태평양 과달카날에서 벌어진 참호전에서 싸운 미군 병사가 직접 추천한 것이니까, 분명히 도움이 될 것이다.

> 비가 올 때 뒷마당에 구덩이를 판다. 구덩이에 앉아 있으면 물이 발목까지 차오른다. 셔츠 안으로 차디찬 진흙을 붓는다. 그 자리에 앉아서 48시간을 버틴다. 졸음을 참으려면 누군가 여러분 머리를 내리치거나 여러분 집을 불태울 기회를 노리면서 살금살금 걸어 다닌다고 상상하자. 그리고 구덩이에서 나와 여행 가방에 돌을 가득 채운 다음에, 한 손에는 여행 가방을 들고 다른 손에는 엽총을 들고 최대한 질척질척한 진창길을 찾아서 걷는다. 이때 몇 분마다 한 번씩 진창길에 납작 엎드리는 것은 잊지 말자.

스파이

스파이는 수천 년 전부터 존재했지만, 특히 전시에는 아주 중요했다. 여러분도 제3차 세계 대전(2023년쯤 화성인이 지구를 침략하면 일어날 것이다)을 대비해 제2차 세계 대전 중에 사용된 스파이 수법을 한두 개쯤 알아 두는 것이 좋겠다.

방첩 요원들은 적군에게 전달되는 비밀 편지를 찾으려고 늘 눈에 불을 켜고 있었다. 독일군은 엄청나게 복잡한 기계를 가지고 해독이 불가능한 암호를 만들었지만, 영국군은 이 기계를 복제해서 수천 개의 일급비밀 편지를 해독해 냈다.

하지만 반드시 똑똑한 기계가 있어야 복잡한 암호를 만들 수 있는 것은 아니다. 간단한 아이디어로 적을 속인 스파이도 두 명이나 있었으니까. 여러분도 제2차 세계 대전에서 사용된 다음 수법을 이용해서 친구에게 비밀 편지를 보내 보면 어떨까.

마침표 암호

영국 공군의 그레이엄 홀 상사는 절대 구두점을 찍지 않아 그의 글은 알아보기가 무척 어려웠다. 그레이엄 상사는 언젠가 아내 베라에게 이런 농담을 했다. "만약 내가 포로로 잡혀서 당신에게 구두점이 찍힌 편지를 보내면, 마침표가 찍힌 다음 단어를 모두 연결해 봐. 그건 암호 편지일 테니까."

1940년 6월, 그레이엄이 탄 폭격기가 격추되어 폭격기에 타고 있던 군인들이 독일 북동부에 있는 유명한 독일 공군 포로수용소로 끌려갔다. 그레이엄은 아내가 전에 했던 농담을 기억할지도 모른다고 생각하고 암호 편지를 썼다. 이 암호 편지는 아주 효과적이어서 훗날 영국 비밀정보국은 그레이엄에게 병영과 연락을 주고받는 일을 시키게 되었다. 그레이엄은 독일이 무기와 부대를 이동한다거나, 탈출 지원이나 장비가 필요하다는 내용이 담긴 암호 편지를 주고받았다.

여러분도 아래의 암호 편지를 읽고 직접 해독해 보라.

베라에게

나는 무사히 살아 있어. 탈출은 정말 위험했지만 말이야. 9월 우리 집 정원이 아름다울 텐데 보지 못해서 정말 아쉽군. 22일 당신 생일이었잖아. 밤 비행기가 추락하는 바람에 당신 생일에 맞춰서 갈 수가 없었어. 계획 모두 엉망이 돼서 미안해. 독일 옷을 선물로 사 두었는데 못 줘서 아쉬워. 돈을 나중에 부쳐 줄게. 보내 줄 돈은 미리 준비해 두었어.

사랑하는 그레이엄 씀

여러분처럼 똑똑한 어린이들은 굳이 암호를 해독해 볼 필요도 없겠지? 뭐, 아니라고?*

전쟁 포로들은 적십자를 통해 고국에서 보낸 편지와 소포를 받을 수 있었다. 시간을 때우기 위한 모노폴리와 체스 같은 게임 도구도 소포로 왔다. 그런데 독일군은 게임 도구가 비밀 물품을 보내는 수단으로 사용된다는 사실을 전혀 눈치채지 못했다. 하지만 모노폴리 게임판에는 비단으로 만든 지도가 숨겨져 있었고, 체스 말에는 라디오 진공관이 들어 있었으며, 연필 속에는 쇠톱날이 들어 있었다. 그리고 카드 한 벌은 52조각으로 된 지도였다.

레몬 잉크

제2차 세계 대전의 큰 비밀 가운데 하나는 나치의 강제 수용소였다. 독일인들조차도 나치가 유대인을 강제 수용소가 아닌 전시 공장에 보내서 일을 시킨다고 믿을 정도였다. 사람들은 강제 수용소의 끔찍한 진실을 알지 못했다. 나치가 강제 수용소의 끔찍한 실상을 조금이라도 내비친 수용자들의 편지는 모

---

* 그렇다면 머리가 나쁘거나 게으른 독자를 위해서 암호를 함께 해독해 보자. "탈출은 9월 22일 밤 계획. 독일 돈을 보내." '독일 돈'을 보내라고 쓴 것은 수용소 밖으로 나가면 독일 돈이 필요했기 때문이었다.

조리 없애 버렸기 때문이다.

하지만 일부 똑똑한 수용자들은 스파이들의 오랜 수법인 보이지 않는 잉크를 이용해서 외부에 진실을 알렸다.

여러분도 그런 편지를 직접 써 볼 수 있다. 단순한 내용을 쓴 후에, 진짜로 하고 싶은 말을 보이지 않는 잉크로 쓰는 것이 요령이다.

강제 수용소의 수용자들은 레몬 주스를 구할 수 없었기 때문에, 땀이나 침, 오줌을 보이지 않는 잉크로 썼다. 하지만 이건 위생상 좋지 않은 방법이니까, 우리는 그냥 레몬 주스를 쓰도록 하자.

비밀 메시지가 담긴 엽서는 읽고 나서 즉시 없애는 게 보통이지만, 간혹 보존된 엽서도 있다. 1997년에 그런 엽서 한 장이 공개되어 눈길을 끌었다. 엽서에는 단순한 내용이 적혀 있었다.

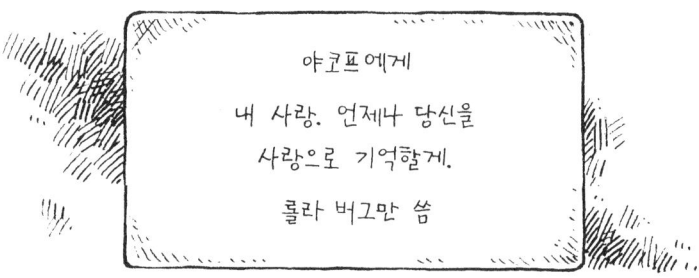

그러나 보이지 않는 잉크로 쓴 글에는 무시무시한 진실이 담겨 있었다.

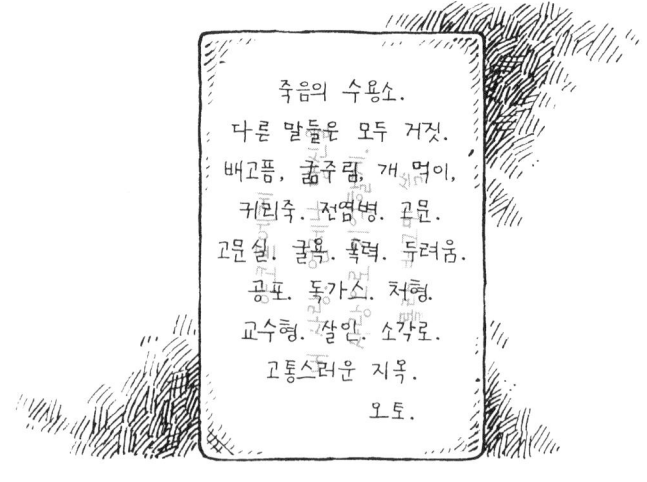

'오토'는 히틀러를 반대하다가 죽음의 수용소로 끌려간 오토 하스라는 오스트리아인이다.

무자비한 보복

모든 독일인이 나치는 아니었고, 모든 나치가 잔인하지도 않았다. 하지만 제2차 세계 대전 때 나치는 세계 역사상 그 누구보다 잔인한 행동을 보였다.

나치의 잔인함은 무자비한 보복에서 분명하게 드러났다. 나치는 자기 패거리가 한 명이라도 다치면, 무고한 사람 수백 명에게 보복해서 나머지 사람들에 대한 본보기로 삼았다. 1941년 3월 22일, 런던의 한 잡지에는 이런 끔찍한 기사가 실렸다.

런던 매거진

폴란드에서 저지른 나치의 잔혹 행위

독일 병사 한 명이 죽자 나치는 폴란드 주민 100명을 체포해서 (대부분이 유대인이었다) 손을 머리 뒤에 올리게 한 채 거리를 행진시켰다. 독일군은 잔인하게도 폴란드 주민들에게 자기가 묻힐 무덤을 스스로 파도록 명령하고는, 총검을 겨눈 채 '죽음의 춤'을 추게 했다. 처형 방법도 가지각색이었다. 어떤 사람들은 총으로 쏘아 죽이고, 어떤 사람들은 목을 매달아 죽이고, 나머지는 기둥에 묶어 돌로 쳐서 죽였다.

나치의 폭력은 유대인만을 겨냥한 것은 아니었다. 1942년 체코슬로바키아에서도 이와 비슷한 사건이 일어났다.

체코슬로바키아 투데이

1942년 6월 1일

리디체 대학살

히틀러의 심복 라인하르트 하이드리히가 2주일 전에 체코슬로바키아의 수도 프라하에서 자유 투사가 던진 폭탄에 맞아 사망했다.

하이드리히 - 사망

그래서 나치 친위대는 어제 체코슬로바키아의 작은 마을인 리디체에 분풀이를 했다.

나치 친위대는 마을 주민 450명 가운데 대부분을 체포했고, 그중에서 172명을 총살했다. 여자 일곱 명은 도망치려다가 잡혀서 총살을 당했고, 나머지 여자들은 라벤스브뤼크 강제 수용소로 끌려갔다. 나치는 어린이 90명에게 독일식 이름을 붙이고, 아이들을 독일로 보내 독일 아이로 자라게 했다.

나치 친위대는 오늘 리디체에 다이너마이트를 던져서 그나마 남은 마을의 흔적까지도 깨끗이 없애 버릴 계획이다.

라벤스브뤼크 강제 수용소로 끌려간 여자들 가운데서 52명이 죽었고, 그중에서 일곱 명은 독가스로 죽었다.

2년 후 나치는 프랑스의 한 마을을 공격했는데, 이번에는 여자와 어린이도 살려 두지 않았다.

프랑스 지하 뉴스

오라두르쉬르글란에서 벌어진 공포의 습격

나치는 이 작은 마을에서 벌어진 무시무시한 사건을 '보복'이라고 부르겠지만, 전 세계 사람들은 이것을 '냉혹한 살인'이라고 부를 것이다. 독일군은 이 마을에서 사람들을 닥치는 대로 죽였고, 642명의 주민들이 목숨을 잃었다.

나치는 마을로 들어와서 신분증명서를 내놓으라고 명령하고, 폭약을 찾기 위해 수색을 벌였다. 최근 이 지역에서 프랑스 레지스탕스 투사들이 나치 친위대 장교 한 명을 생포한 것이 화근이었다. 목격자들의 증언에 따르면, 독일군은 남자들은 헛간에 몰아넣고 여자와 아이들은 교회에 가두었다.

그리고 살인이 시작되었다. 나치 친위대는 우선 남자 190명을 총살했다. 그리고 농가에 불을 질러 시체를 태웠다. 마지막으로 친위대는 교회에 불을 붙이고, 도망치려는 여자들에게 기관총 세례를 퍼부었으며, 비명을 지르는 군중에게 수류탄을 던져서 수많은 사람을 학살했다. 결국 여자와 어린이 207명이 죽었다.

그래도 억세게 운 좋은 주민 열 명은 친위대가 떠날 때까지 죽은 척하고 있다가 목숨을 부지했다.

전쟁이 끝나자 사람들은 학살을 저지른 나치 책임자를 찾기 시작했다. 1953년에 오라두르쉬르글란 마을에서 전쟁 범죄를 저지른 나치 20명이 유죄 선고를 받았다. 그중에서 다섯 명은 감옥에 갔고 두 명은 처형되었다. 그리고 희생자들을 기리는 뜻에서 폐허가 된 마을을 그대로 남겨 두었고, '기억하라'라는 단어가 적힌 푯말 하나를 마을 입구에 세웠다.

이 비극적인 사건이 더욱 으스스하게 느껴지는 까닭은 나치가 엉뚱한 마을 사람들을 몰살시켰기 때문이다. 나치는 리모주 북쪽에 있는 오라두르쉬르글란의 주민들을 죽였는데, 정작 독일 장교가 살해된 마을은 리모주 남쪽에 있는 오라두르쉬르베르 마을이었다.

선생님에게 퀴즈를 내자

여러분은 제2차 세계 대전에 대해서 모르는 사실이 너무나 많다. 하지만 나이가 많은 선생님들은 기억력이 나쁘기 때문에 여러분보다도 아는 사실이 적을 것이다(나이가 들면서 달라지는 것은 세 가지가 있다. 우선 기억력이 나빠진다. 어, 뭐더라…… 나머지 두 가지는 잊어버렸다).

어쨌든 여러분은 이 간단한 퀴즈로 선생님이나 할머니를 괴롭혀 줄 수 있을 것이다. 선생님이나 할머니는 질문에 '참' 또는 '거짓'으로 대답하기만 하면 된다.

1. 영국군과 연합군은 모든 물건을 카키색으로 칠해서 위장했다. 심지어 두루마리 화장지도 카키색으로 칠했다!

2. 일본군은 미군 병사들의 해골을 수집

해서, 깨끗이 닦고 광을 낸 후에 고향에 기념품으로 보냈다.

3. 독일에 있던 어떤 스파이들은 참수형을 당했다.

4. 영국 군인들은 이탈리아에서 겨울옷을 입고 싸우다가 너무 더워서 죽었다.

5. 1940년 11월, 영국에서 로이드라는 남자가 뒷마당에서 모닥불을 피운 죄로 체포되었다.

6. 어릴 때 학교에서 땡땡이쳤던 아이들은 군대에 가서도 탈영하거나 전투에서 도망칠 가능성이 많았다.

7. 독일에서는 노인들도 소집 명령을 받는 바람에 양로원이 문을 닫았다.

8. 독일에서 장님은 결혼할 수 없었다.

9. 독일 공장에서 지각한 노동자는 그 날 일당을 받지 못했다.

10. 이탈리아 통치자 무솔리니는 로렐과 하디의 영화에 나오는 올리버 하디처럼 생겼다고 한다.

답:

1. 참. 영국 병사들은 처음에는 흰색 속옷과 손수건을 가지고 다녔다. 하지만 시력이 좋은 적군은 흰색 천이 살짝만 스쳐도 금방 영국군이라는 것을 알아챘다. 그래서 영국군은 모든 물건을 카키색으로 칠했다. 두루마리 화장지와 파이프 청소 도구까지도 카키색이 되었다! 하지만 미군 해병대는 흰 조끼를

입었는데, 이 조끼 덕분에 남태평양의 과달카날에서 목숨을 건졌다. 이곳에 갇혀 있던 해병대원들은 조끼로 땅에 '도와주세요'라는 글자를 만들어 구조 비행기에 신호를 보냈다.

2. 거짓. 오히려 미군 병사들이 일본군 병사들의 해골을 수집했다는 섬뜩한 이야기가 진실이다. 1942년 9월에 미국 태평양 함대 사령관은 이렇게 명령했다. "적군 시체의 어떤 부분도 기념품으로 사용해서는 안 된다." 병사들은 이 명령을 무시했다. 어떤 해군은 일본군 조종사의 갈비뼈를 곱게 닦아서 고향의 여동생에게 보냈다. 동생이 꼭 갖고 싶다고 간절하게 부탁했기 때문이다. 일본군의 금니를 훔치는 것도 또 다른 고상한 취미 활동이었다. 심지어 살아 있는 일본군 병사들의 입에서 금니를 빼내기도 했다. 미군은 과달카날에서 철모를 쓴 채 불에 탄 일본군의 머리를 탱크에 걸고 행진했다. 여러분은 적군의 머리를 과시하는 관습이 1500년 전에 켈트족과 함께 사라졌다고 알고 있겠지?

3. 참. 1942년 8월에 독일의 방첩 요원들은 46명으로 구성된 스파이 집단을 찾아냈다. 이 스파이들은 무전을 이용해 소련의 요원들에게 정보를 보냈다. 독일군은 이 스파이 집단을 '붉은 오케스트라'로 부르고 다시는 스파이 짓을 못 하게 만들었다. 남자 스파이들은 끌려가서 교수형을 당했고, 여자 스파이들은 단두대에서 처형되었다.

4. 거짓. 사실은 그 반대다. 군대에서 계획을 짜는 사람들은 이탈리아의 날씨가 매우 더울 것이라고 생각했다. 하지만 이탈리아는 춥고 습했고, 특히 산악 지역은 얼어붙을 듯이 추웠다. 얇은 군복을 입은 영국 군인들은 추위 때문에 고생이 이만저만이 아니었고, 죽는 사람까지 나왔다. 진흙이 마르자 도로와 산길은 먼지투성이로 변했다. 연합군 탱크는 진격하면서 엄청난 먼지 구름을 일으켜서, 독일 포병 부대의 손쉬운 표적이 되었다. 날씨가 춥건 덥건 영국군은 적을 이길 수가 없었다!

5. 참. 영국인 로이드는 히틀러의 지배 방식을 좋아했고, 나치를 지지했다. 이런 사고방식 때문에 그는 군대에서도 쫓겨났다. 그는 적군 폭격기를 유인하기 위해서가 아니라, 국가의 명령을 따르지 않겠다는 의지를 보여 주기 위해서 모닥불을 피웠다. 판사가 로이드에게 징역형을 선고하자, 로이드는 판사에게 나치식 경례를 했다. 로이드가 조금만 똑똑했더라면 그냥 이렇게 말했을 텐데.

6. 참. 최소한 이 여론 조사를 실시한 미군에서는 이것이 진실이었다. 미군은 군인을 '도망자'라고 부르기를 싫어해서 도망간 병사들을 '무단이탈자'라고 불렀다. 제2차 세계 대전 때 탈영했다가 총살당한 미군은 슬로빅 일병 한 명뿐이다. 반면에 독일은 1만 명이 넘는 자국 병사를 처형했고, 총살집행대에 지원하는 사람은 늘 넘쳐 났다(1942년 어느 날, 독일군은 소등 규칙을 어겼다는 이유로 민간인 11명을 처형했다!).

7. 거짓. 이것은 독일에서 유행한 농담이었다! 전쟁이 계속되면서 건강한 장정들이 죽거나 포로로 잡히자, 독일군은 노인과 소년에게도 소집 명령을 내렸다. 65세 노인까지 독일 국토 수비군 소집 명령을 받게 되자, 독일에서는 또 다른 농담이 유행했다.

8. 참. 나치는 장애인들에게 매우 가혹했다. 청각 장애인이나 시각 장애인은 장애인을 낳을 가능성이 있다는 이유로 결혼이 허락되지 않았다. 그리고 정신병자들도 죽였다. 병원은 정신병자들이 죽도록 '도와' 주어, 부상병이 누울 병상 10만 개를 마련해 주었다. 이것은 1939년 9월에 전쟁을 틈타서 실행되었다. 이 계획에는 'T4'라는 암호명이 붙었다. 나치는 정신적, 육체적 장애가 있는 성인이나 어린이를 '안락사' 시켜서 인종적 순수성을 지키려고 했다. 그러고는 미래의 독일에는 아픈 사람이 없게 하기 위해서라는 핑계를 댔다. 장애인들은 비밀리에 집과 병원에서 끌려 나와 살해되었다. 부모와 가족에게는 그저 장애인이 '갑작스럽게 죽었다.'라고 거짓말을 했다. 하지만 안락사 소문이 퍼져 나갔고, 1941년에 가톨릭교회의 뮌스터 대주교가 설교 도중에 나치의 살인 행각을 폭로했다. 그러자 놀랍게도 나치의 살인 행각이 중단되었다.

9. 거짓. 현실은 이보다 훨씬 더 심했다. 지각한 노동자는 징역 3개월 형을 선고받았다(그런데 여러분은 학교에 지각해서 방과 후에 한 시간 동안 벌을 서는 게 심하다고 불평했겠지?). 1944년 무렵에 노동자들은 일주일에 60시간 동안 일을 해야 했다(비

행기 공장에서는 72시간이었다). 초과
근무 명령을 받은 노동자는 두 가
지 가운데 하나를 선택해야 했다.
초과 근무를 하든지, 아니면 1년
동안 감옥에 가든지.

10. 참. 무솔리니는 뚱뚱하고 키가 작았다. 그는 머리가 벗어
지기 시작하자 머리를 깨끗이 밀어 버렸다. 이탈리아의 통치
자가 되면서부터는 검은 양복을 입고 중절모를 썼다. 무솔리
니는 올리버 하디(우스꽝스러운 영화배우)와 꼭 닮았다는 말을
들은 후부터 양복과 중절모 대신에 군복을 입기 시작했다. 무
솔리니는 웃거나 미소 짓는 법이 거의 없었다. 특히 로렐과
하디의 영화를 볼 때는.

탈영의 대가

소련은 1941년에 연합군 편에 서서 전쟁에 뛰어들었는데, 소련군은 역사상 그 어떤 군대보다도 치열하게 싸웠다. 소련은 엄청나게 많은 병사를 잃었다. 전쟁 때문에 집을 잃거나 굶주려서 죽은 사람까지 포함한다면, 4300~4700만 명이나 되는 소련인들이 죽었다고 일부 소련 역사학자들은 말한다. 이것은 당시 영국 전체의 인구보다 많은 수였다.

소련은 전쟁에서 이기기만 한다면, 누가 죽든 어떻게 싸우든 그다지 신경 쓰지 않았다. 미군은 탈영병 1만 9000명 가운데서 단 한 명만 총살했지만, 소련군은 미군만큼 인정이 많지 않았다. 범죄를 저지르거나 전투에서 도망친 병사들은 벌칙 부대로 보내 자살 임무를 맡겼다.

그래도 다행인 것은 지뢰 제거 작업에서 부상당한 군인은 죄를 용서받았다는 사실이다(물론 지뢰를 밟아 몸이 산산조각이 나서 죽은 병사도 용서를 받았다)!

지뢰밭의 천사

북아프리카에서 싸우던 일부 영국군은 특별한 방법으로 지뢰밭을 건넜다. 1943년에 한 군인은 이런 편지를 썼다.

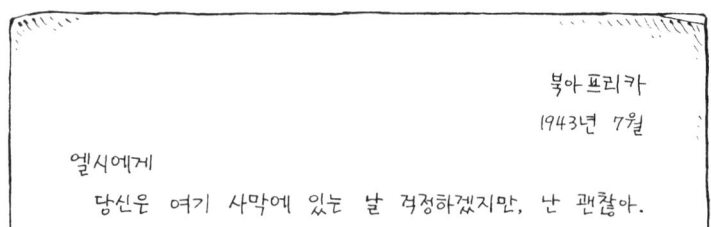

우리를 지켜보는 일종의 수호천사가 있는 것 같거든. 그래, 난 신앙심이 깊은 사람은 아니었지. 하지만 어젯밤에 무언가를 본 후부터 생각이 달라졌어.

우리는 독일군 탱크가 진격하는 것을 막으려고 사막에 지뢰를 설치했으나. 테이프를 이용해서 지뢰가 없는 안전한 길을 지그재그로 표시하려고 했는데, 미처 테이프를 붙이기도 전에 독일군의 포탄이 떨어졌어. 그래서 방어 진지로 후퇴할 수밖에 없었지.

우리는 방어 진지 뒤에서 금발의 젊은 장교를 발견했어. 철모는 날아갔고, 포탄 파편이 가슴에 깊숙이 박혀 있었지. 그는 울타리 기둥에 기댄 채 죽어 있었어. 장교를 묻기도 전에 지뢰밭에서 엔진 소리가 들려왔지.

우리가 방어 진지에서 쳐다보자 정말 놀라운 광경이 펼쳐졌어. 지뢰밭 너머에서 영국군 트럭 한 대가 우리를 향해 다가오는 거야. 지뢰 때문에 산산조각이 나야 하는데, 아무 표시도 없는 지뢰밭에서 천천히 왼쪽과 오른쪽을 오가면서 안전하게 지그재그 길을 따라 무사히 건너온 거야!

마침내 트럭 운전사가 우리가 있는 곳까지 왔을 때, 내가 물었지. "지뢰밭을 건너는 길을 어떻게 찾았죠?"

운전사가 대답했어. "그 젊은 장교 덕분이죠. 금발 장교 말이에요. 그 장교가 우리 앞에서 지뢰밭을 건너는 길을 안내했어요."

난 옆으로 비켜서서 운전사에게 울타리 기둥에 기대어 있는 시체를 보여 주었어. "이 사람 말인가요?" 내가 물었지.

운전사는 금방이라도 기절할 듯이 얼굴이 아주 창백해졌어. "그래요. 저 사람이에요! 그런데 저 사람이 왜 여기 있죠?"

"이 사람은 25분 전에 죽었어요. 여러분을 안전하게 인도한 건 이 사람이 아니에요."

"그렇다면 그건 유령이었군요." 운전사는 신음하듯이 말했어. 그는 요란한 소리를 내며 시동을 걸더니 트럭을 몰고 사라졌어. 난 그를 다시는 보지 못했지.
 물론 우리는 그 장교를 물었어. 하지만 이상하게도 그가 저기 어딘가에서 우리를 지켜보고 있다는 느낌이 들었어. 그러니 걱정하지 마, 엘시. 난 안전하게 고국으로 돌아갈 거니까.

사랑하는 빌 씀

기발한 무기들

전시에는 좋은 무기를 갖춘 군대가 유리하다. 그래서 잘난 체하는 교수들과 똑똑한 과학자들은 건물을 박살 내고, 군인뿐만 아니라 어린이와 여자, 노인까지 무자비하게 죽이는 새로운 방법을 개발하기 위한 경쟁에 뛰어들었다.

영국은 파이크리트(톱밥을 섞어 만든 얼음으로, 잘 녹지 않고 콘크리트보다 튼튼할 것이라고 주장했다)를 발명했다. 물에 가라앉지 않는 파이크리트로 만든 거대한 항공모함을 이용하면 전쟁에서 이기리라고 생각했다. 하지만 항공모함을 만들기도 전에 전쟁이 끝나 버렸다. 참 말도 안 되는 이야기지만, 분명히 그런 계획이 추진되었다.

여기 제2차 세계 대전 때 개발된 기발한 무기들이 있다. 사람들은 이 무기들이 모두 진짜 있다고 믿었다. 이 중에서 어떤 무기는 황당한 소문에 불과했지만, 어떤 무기는 진짜 발명품이었다. 여러분은 무엇이 진짜 발명품이고 무엇이 황당한 소문이었는지 구별할 수 있을까?

1. 화염병

2. 공기 분사총

3. 물에 뜨는 탱크

4. 초고속 로켓

5. 잠수함 항공모함

6. 개 폭탄

* 화약, 증기, 압축 공기 등의 동력을 이용해 함선으로부터 항공기를 발진시키는 장치.

답:
1. **화염병.** 석유가 든 유리병으로 탱크를 공격하는 것은 어리석은 짓이라고 생각할지도 모르겠다. 하지만 이것은 분명한 진실이다! 뱌체슬라프 몰로토프는 소련의 장관이었는데, 소련군은 독일군 탱크의 진격을 막기 위한 무기를 개발하려고 혈안이 되어 있었다. 몰로토프는 화염병 수백만 개를 만들어 탱크를 공격하라는 명령을 내렸다. 지금도 화염병은 테러리스트들이 즐겨 사용하며, '몰로토프 칵테일'이라는 별칭으로 불린다. 화염병은 실제로 효과가 있었다. 탱크 내부는 여러분이 상상하는 것만큼 안전하지 않았다. 유럽 북서부에서 영국군 탱크의 천적은 진흙과 얼음이었다. 탱크는 진흙탕에 빠져 허우적거리다가 결국 가라앉아 포탑밖에 보이지 않았다고 한다.

처칠 탱크를 비롯한 영국군 탱크는(미군의 셔먼 탱크와는 달리) 무한궤도에 고무판이 붙어 있지 않아서, 얼음길에서는 통제가 불가능한 거대한 썰매가 되었다.
불붙은 탱크에 갇히는 것은 아주 위험했다. 탱크 출입구가 워낙 작아 탱크에서 신속하게 탈출하기가 어려웠기 때문이다. 한 미군 장교는 탱크에 불이 붙은 상황을 이렇게 묘사했다.

독일군은 영국군 병사들을 '토미'라고 부르고, 영국군 탱크를 '토미 찜통'이라고 불렀다. 미군 탱크에는 '론슨 라이터'라는 별명이 붙었다. 론슨 라이터의 광고 문구가 바로 '한 번만에 불이 붙습니다!'였기 때문이다.

화염병은 단순한 폭탄이었지만, 치명적인 위력을 발휘했다. 단, 탱크에 아주 가까이 가서 포탄에 맞지 않도록 조심하며 화염병을 던져야 했다.

2. **공기 분사총.** 기발한 생각이다! 하지만 안타깝게도 공기 분사총은 독일에서 떠돈 황당한 소문에 불과했다. 하지만 이건 정말 좋은 발명품이니까 여러분도 교실에서 실험해 보도록 하자.

3. **물에 뜨는 탱크.** 이것도 황당한 발명품이지만, 분명한 진실이다! 영국군은 노르망디 상륙 작전 때 상륙정을 이용해서 이중 구동 탱크를 물에 띄웠다. 탱크가 '수영'을 해서 해변에 닿으리라고 생각한 것이다. 각 탱크는 캔버스 천으로 만든 덮개와 프로펠러가 달려 있었다. 탱크는 잔잔하고 얕은 물에서 잠깐 동안 뜨도록 설계된 것이었다. 드디어 탱크 32대가 출발했다. 하지만 파도가 거셌고 해군이 해변에 가까이 다가가기를 겁내는 바람에, 결국 해변에서 먼 곳에서 탱크를 출발시켰다. 탱크 27대는 돌처럼 물에 가라앉았고, 탱크에 탑승한 군인들은 전원 익사했다.

4. **초고속 로켓.** 역시 독일에서 유행한 황당한 소문이다. 독일인은 진짜 이런 로켓이 있다고 믿은 것 같다. 이 로켓이 황당한 소문인 이유는 뻔하다. 초고속 로켓은 분명히 고속 총알만큼 빨리 날아갈 수 있다. 예를 들어 로켓이 시속 1000km로 날아간다고 하면, 로켓 안에 있는 총알은 발사되기 전부터 시속

1000km로 날아가는 셈이다. 그런 다음, 총알을 시속 500km로 발사한다면, 총알은 시속 1500km로 날아간다. 이 계산이 맞지? 음, 맞는 것 같은데. 아니, 이 이야기는 관두자. 로켓에서 총알이 발사된다는 생각부터가 황당하니까.

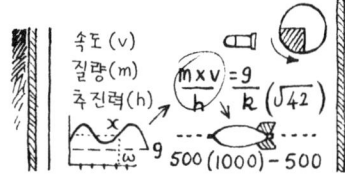

5. 잠수함 항공모함. 일본인이 만들어 낸 황당한 발명품이다. 그리고 실제로 성공을 거두었다! 일본은 도쿄를 폭격한 미국에 복수하기 위해서 이런 계획을 세웠다. 1942년 9월 9일, 일본군 잠수함 I25가 수면 위로 올라왔고, 잠수함에 타고 있던 조종사 후지타 노부오는 비행기를 몰고 이륙했다. 오리건 주 숲에 소이탄을 투하해 미국 서부 해안 도시에 산불이 번지게 하려는 계획이었다. 하지만 노부오가 투하한 폭탄 가운데서 제대로 폭발한 것은 겨우 하나뿐이었다. 작은 불이 났지만, 곧 산림경비대원들이 손쉽게 불을 껐다. 노부오, 미국 본토에 폭탄을 던진 유일한 인물이 된 걸 축하해.

6. 개 폭탄. 역겹고 잔인하고 멍청한 생각이지만, 명백한 사실이다. 그리고 어느 정도 성공했다고 볼 수 있다. 이것은 소련군의 아이디어였다. 소련군은 개를 훈련시켜서 독일군이 있는 전쟁터로 데려갔다. 등에 지뢰를 묶어서 풀어 주면, 개들은 곧장 탱크 밑으로 달려갔다. 하지만 안타깝게도 개들은 소련 탱크를 이용해서 훈련을 받았기 때문에, 당연히 소련군 탱크 밑으로 달려갔다. 탱크는 산산조각이 났고, 개들도 그다지 상태가 좋지 않았다.

동물들의 수난

 전쟁을 일으키지도 않은 죄 없는 동물들도 전쟁에서 큰 고통을 겪었다. 여러분이 채식주의자나 수의사라면 이 이야기는 읽지 않는 편이 좋겠다.

동물 학대

 1. 제1차 세계 대전에서 말은 영국군이 승리하는 데 큰 공을 세웠다. 말은 대포를 끌고 보급품을 실어 날랐으며, 식량이 부족할 때는 맛있는 고기도 되어 주었다. 하지만 제2차 세계 대전에서는 공을 세울 기회가 전혀 없었다. 1939년 9월, 폴란드 기병대가 독일 기갑 부대를 공격했다. 한 독일군 병사는 그다음에 일어난 일을 이렇게 표현했다.

몇 분 뒤 연기가 걷혔고, 기병대 병사들과 말들이 팔다리가 잘리고 창자가 튀어나온 채 뒤엉켜서 비명을 질러 댔다.

 2. 동물은 군인들의 지루함을 달래 주는 오락거리가 되기도 했다. 이탈리아를 침공한 미군 병사들은 경마 대신에 딱정벌레 경주를 즐겼다.

 • 병사들은 각자 딱정벌레를 들고, 딱정벌레 등에 자신의 '경주용 색'을 칠한다.

- 땅에 지름 2m의 원을 그린다.
- 원 중앙에 딱정벌레들을 놓고 유리병을 씌운다.
- 유리병을 들어 올린다.
- 원 밖으로 제일 먼저 기어 나오는 딱정벌레가 우승자다.

군인들은 경주용 딱정벌레를 사고팔았고, 딱정벌레 경주에 많은 돈을 걸고 도박을 했다.

3. 전쟁이 끝날 무렵에 소련군은 베를린을 포위했고, 베를린을 지키던 독일군은 동물원이 있는 티어가르텐 공원으로 후퇴했다. 1945년 5월 2일 아침이 되자 독일군은 굶주리고 상처 입은 동물들이 울부짖는 소리 때문에 더 이상 견디지 못하고 항복했다. 그러나 한 소련군 병사는 동물들이 울부짖는 소리보다, 동물원에 남아 있던 마지막 사육사가 포탄에 맞아 죽은 큰 하마 시체 앞에서 우는 소리가 더욱 슬펐다고 말했다.

4. 1945년에 드레스덴이 폭격을 당했을 때, 엘베 강 근처에 서커스 말 48마리가 죽어 있었다. 이 폭격 때문에 동물원 우리가 산산조각이 났고, 우리에 갇혀 있던 동물들이 도망을 쳤던 것이다. 우리에서 나온 독수리가 말의 시체를 해치웠고, 원숭이를 보았다는 신고가 6주일 후까지 들어왔다. 심지어 사자를 보았다는 사람도 있었다.

5. 히틀러는 개를 좋아했다. 그는 제1차 세계 대전에 참전했을 때 푸츨이라는 작은 애완견을 훈련시켜서 사다리를 오르내리도록 가르쳤다(하지만 이 개는 도둑맞았고, 다시는 히틀러를 만나지 못했다. 고기가 되어 히틀러의 식탁에 오르지 않았다면 말이다). 그 후 히틀러는 셰퍼드를 애견으로 키웠고, 전시에는 블론디라는 개를 키웠다. 1945년에 히틀러의 친구들이 자살하기로 마음먹었을 때, 히틀러는 먼저 청산가리의 효과를 시험해 보기로 했다. 그는 애견 블론디에게 청산가리를 먹였다. 청산가리는 신속하게 효과를 발휘해서 블론디는 거의 고통을 느끼지 못하고 죽었다.

6. 히틀러는 채식주의자였고 동물이 고통당하는 것을 싫어했다. 바닷가재는 살아 있는 상태로 펄펄 끓는 물에 빠뜨려 익혀 먹는 것이 가장 맛있다. 그런데 히틀러는 바닷가재가 물에 빠질 때 내는 소리가 듣기 싫다면서 바닷가재를 잔인하지 않은 방법으로 요리하도록 법을 만들었다. 또 히틀러는 사냥개를 이용해 사냥하는 것을 금지했기 때문에, 제2차 세계 대전은 바닷가재뿐만 아니라 여우와 사슴에게도 고마운 전쟁이었다. 나치는 대신에 사람들을 사냥하고 죽이는 것은 얼마든지 허락했다.

7. 히틀러의 심복이자 악랄한 살인자였던 하인리히 히믈러는 외국인들을 강제 수용소에 끌고 가서 고문하고, 실험하고, 가스실에 집어넣고, 총살하고, 구타하고, 죽을 때까지 일을 시키는 것을 좋아했다. 하지만 하인리히는 이런 말을 남기기도 했다.

하인리히는 심지어 살인 부대인 친위대*가 자칫 잘못해서 작은 동물들을 밟지 않도록 밤에는 종을 매달고 돌아다녀야 한다고 생각했다. 그러면 동물들이 종소리를 듣고 달아날 테니까. 하인리히는 쥐를 박멸하는 대신에, 중세 독일의 관습에 따라서 재판에 부쳐 얌전하게 행동할 기회를 주자고 주장했다. 그리고 나치가 지배하던 일부 지역에서는 살아 있는 동물에게 해부 실

*독일 친위대(슈츠스타펠)는 히틀러의 개인 경호 부대였다. 제2차 세계 대전이 끝날 무렵에 친위대의 수는 무려 5만 명에 달했다! 대체 미치광이 히틀러는 경호원이 왜 그렇게 많이 필요했을까? 친위대는 멋진 검정 군복을 입고, 무자비함과 냉혹함을 배웠으며, 강제 수용소의 수용자들을 마구잡이로 처형했다.

험을 하는 것이 금지되었다. 대신에 강제 수용소에서는 살아 있는 사람에게 얼마든지 생체 실험을 할 수가 있었다.

8. 독일 수용소에 갇힌 소련인 수용자들은 늘 배가 고팠다. 그래서 떠돌이 개는 수용자들에게 맛난 특식이 되었다. 하지만 개는 잡기가 매우 어려웠다. 개들도 멍멍탕 신세가 되기는 싫었을 테니까. 굶주린 수용자들은 독일 경비병에게 개를 쏘아 달라고 애원했다. 경비병들은 개를 골칫거리로 생각했고, 개를 쏘는 것은 좋은 사격 연습이 되었기 때문에 싫어하지 않았다. 경비병이 개를 쏘아 죽이면 굶주린 수용자들이 벌떼처럼 달려들었다. 한 경비병은 이렇게 말했다.

신기한 동물 이야기

제2차 세계 대전에서는 신기한 동물에 관한 이야기가 많이 떠돌았다.

정말 야옹이가 그랬을까?

런던의 성 오거스틴 교회에서 기적의 야옹이가 주인(로스 목사)을 깜짝 놀라게 한 사건이 일어났다. 어제 로스 목사는 폐허가 된 교회 건물에서 내려와 흰 고양이의 예언이 완벽하게 맞아떨어졌다는 것을 눈으로 직접 확인했다.

로스 목사는 본지 기자에게 이렇게 말했다. "나는 야옹이와 3년을 함께 살았어요. 야옹이는 교회 맨 꼭대기 층에서 새끼 고양이를 키웠지요. 하지만 사흘 전에 새끼 고양이들을 모두 지하실에 데려가 구석에 몰아넣더군요. 내가 다시 위층에 데려다 놓기만 하면 야옹이가 다시 지하실로 데려갔어요. 그러다가 어젯밤에 폭탄이 떨어졌지요. 꼭대기 층은 박살이 났어요. 하지만 야옹이와 새끼 고양이들은 지하실 구석에서 안전하게 있더군요."

'병든 동물들을 위한 진료소'는 우리의 영웅 야옹이에게 은메달을 수여할 계획이다. 심지어 런던 주교도 야옹이에게 이렇게 찬사를 보냈다. "우리도 고양이처럼 꼬리를 세우고 조용히 생각해 봅시다!"

1940년 9월 9일

오리 공습경보

런던을 방문한 한 스위스인이 본지 기자에게 독일의 신무기에 관한 정보를 알려 주었다. 독일 프리드부르크 주민들은 영국군의 공습을 알리기 위해서 비밀 신무기를 개발했다. 다만 이 신무기는 기계가 아니라 털이 달린 가금류라고 한다.

어느 날, 독일 프리드부르크에서 '프레다'라고 하는 오리가 겁에 질려 큰 소리로 꽥꽥거리며 거리를 질주했다. 주민들은 깜짝 놀라 서둘러 방공호로 대피했다. 조금만 늦었으면 큰일이 날 뻔했다. 왜냐하면 푸른색 군복을 입은 우리의 용감한 영국군이 몇 분 후에 폭격을 퍼부었기 때문이다.

시계 기능공인 이 스위스인은 본지 기자에게 이렇게 말했다. "프레다가 수백만 명의 목숨을 구했지요! 프리드부르크 주민들은 너무 고마운 오리라면서 프레다의 조각상을 세울 계획이랍니다."

물론 여러분은 프레다가 거리를 질주하면서 뭐라고 꽥꽥댔을지 충분히 짐작이 가겠지? "영국군이 온다! 어서 숨어, 꽥꽥!"

1943년 3월 30일

지칠 줄 모르는 잡종견

1940년 11월 12일

이집트 사막에서 한 영국 육군 중대가 마스코트를 되찾았다. 중대원들은 사랑스러운 잡종견 '샌디'를 다시는 못 보리라고 생각했다. 엘알라메인 전투 후에 적군이 샌디가 타고 있던 트럭을 포획했기 때문이다. 짐승 같은 독일군은 영국군 병사들을 포로로 잡아가면서 불쌍한 샌디는 대낮의 뜨거운 열기와 한밤의 차가운 날씨 속에서 죽도록 사막에 버려 두고 가 버렸다.
 마음씨 착한 사냥개 샌디는 어찌 된 영문인지 230km를 걸어서 알렉산드리아로 돌아왔다. 샌디는 미로같이 구불구불한 길을 용케 찾아 중대 막사에 무사히 도착한 것이다.
 "이 개는 지저분한 잡종견처럼 보이지만, 영국 불도그 같은 두둑한 배짱이 있어요!" 주임 상사가 자랑스럽게 말했다.
 어때, 우리의 슈퍼견 샌디를 잡종견이라고 무시할 사람은 아무도 없겠지?

구구! 영국 최고의 비둘기!

영국 최고의 비둘기, 엑서터의 메리가 용맹성을 인정받아 어제 디킨훈장을 수상했다.
 메리의 첫 번째 임무는 유럽에서 보낸 비밀 첩보 편지를 가지고 영국으로 돌아오는 것이었다. 메리는 이 임무를 수행하는 도중에 독일군 매의 공격을 받아서 가슴에 부상을 입었지만 무사히 도착했다. 독일군은 용감한 영국 비둘기들을 공격하려고 이 깃털 달린 악당들을 훈련시켰다.

그래서 메리가 포기했을까? 당연히 아니지! 그건 히틀러가 제정신이냐고 묻는 것과 똑같다. 이 용감한 비둘기는 2개월 후에 다시 임무를 수행했고, 이번에는 몸에 총탄을 맞고 날개 일부가 떨어져 나간 채 돌아왔다.
 그 뒤에 엑서터에 있는 메리의 집이 폭탄 공격에 파괴되었지만, 어찌 된 일인지 메리는 이번에도 살아남았다.
 메리의 조련사 로버트 트레고완은 이렇게 말했

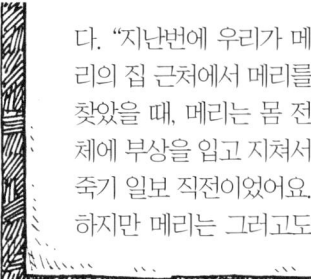

다. "지난번에 우리가 메리의 집 근처에서 메리를 찾았을 때, 메리는 몸 전체에 부상을 입고 지쳐서 죽기 일보 직전이었어요. 하지만 메리는 그러고도 충분히 집까지 걸어왔을 거예요." 메리는 아무리 지쳐도 자기 몫을 해내는 용감한 전사니까!

1945년 2월 27일

잡종견 훈장 사건

1943년 7월 10일에 연합군이 시칠리아에 상륙했을 때, 미군의 용감한 군견 칩스는 기관총이 설치된 콘크리트 요새를 공격하는 공을 세웠다. 칩스는 부상에도 불구하고 이탈리아군 병사의 팔을 물어서 끌고 나왔고, 게다가 다른 병사 세 명의 항복까지 받아 냈다. 이런 요새를 맨주먹으로 접수한 병사는 가끔 있었지만, 칩스에게는 주먹조차도 필요 없었다!

그리고 같은 날, 칩스는 이탈리아 병사 열 명을 추가로 생포했다. 이 용감하고 끈질긴 군견의 영웅담이 미국에 전해졌고, 칩스는 수훈십자훈장과 은성훈장, 상이군인훈장을 받았다. 그런데 미군에는 동물에게 훈장을 줄 수 없다는 조항이 있었다.

한 지휘관은 이렇게 주장했다.

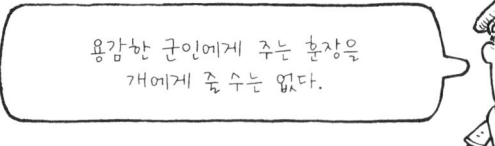

용감한 군인에게 주는 훈장을 개에게 줄 수는 없다.

그래서 칩스는 훈장을 도로 빼앗겼다. 하지만 칩스는 훈장보다 뼈다귀를 더 좋아하니까 어차피 상관없는 일이었다.

서투른 거짓말쟁이들

전쟁에서는 진실이 가장 먼저 죽는다. 전시에는 진실이 완전히 사라진다. 사람들은 전쟁에서 이기거나 자신이 생존하는 데 도움이 된다고 생각하면 온갖 거짓말을 거침없이 해 대니까.

나치의 음흉한 계획

1939년 9월에 독일군은 폴란드로 진격했는데, 이것이 제2차 세계 대전의 발단이 되었다.

하지만 히틀러는 자신과 나치가 전쟁을 일으켰다는 비난을 받고 싶어 하지 않았다! 그래서 히틀러 친위대장 라인하르트 하이드리히는 터무니없는 거짓말을 꾸며 냈다.

폴란드군이 전쟁을 일으켰어! 폴란드가 우리를 먼저 공격했다니까!

하이드리히는 다음과 같은 계획을 꾸몄는데, 이 계획의 암호명은 '통조림'이었다.

> **일급비밀**
>
> **암호명 통조림**
>
> 1. 독일인 죄수들을 총살한다.
> 2. 시체에 폴란드 군복을 입힌다.
> 3. 폴란드 접경 지역에 있는 독일 무선전신국 근처에 시체를 흩뜨려 놓는다.
> 4. 전 세계 기자들을 현장으로 초대한다.

이 한심한 계획을 믿을 만큼 멍청한 사람이 있었는지는 잘 모르겠다.

황당한 소문

여러분은 제2차 세계 대전 때 진짜로 무슨 일이 있었는지 알고 싶겠지? 그렇다면 전쟁 당시에 그곳에 있었다는 사람에게는 절대로 묻지 말도록! 모든 사람이 전쟁에 대해서 이야기했지만, 거짓말만 잔뜩 해 댔다. 그리고 사람들은 그 거짓말을 모두 믿기 시작했다.

황당무계한 이야기

사람들은 전시에 온갖 미신을 다 믿는다. 일부 독일인들은 집이 폭격을 당해도 히틀러 초상화가 걸린 벽은 멀쩡할 것이라고 믿었다!

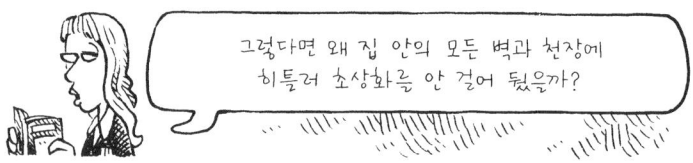

제2차 세계 대전 때 연합군 사이에는 이런 이야기가 떠돌았다. 이 중에서 과연 진실은 몇 개였을까?

1. 됭케르크 전투에서 패배한 영국군 병사들은 잃어버린 무기와 장비의 값을 물어내야 했다.

2. 일본 스파이들은 미군 부대에 깨진 유리 조각을 넣어 두었다.

3. 미국에서 여군으로 자원한 여자들은 입대하기 전에 남자 장교 앞에서 옷을 벗고 검사를 받아야 했다.

4. 북아프리카에서 싸운 영국 군인들은 축구를 하는 동안만큼은 안전했다. 독일군은 아무리 적이라고 해도 축구를 하는 사람은 쏘지 않았기 때문이다.

5. 독일인은 고기가 부족해서 야채를 너무 많이 먹는 바람에 얼굴이 초록으로 변했다!

6. 하와이의 어떤 개는 모스 부호로 짖어서 일본군 잠수함에 메시지를 전달했다.

7. 자동차 회사 포드는 일본 땅에 가장 먼저 상륙한 미군 해병 100명에게 새 차를 주었다.

8. 사하라 사막에서 싸우던 영국 육군은 모래를 넣으려고 주머니 100만 개를 주문했다. 하지만 정작 도착한 것은 모래로 가득 채워진 주머니 100만 개였다.

9. 독일군이 비행 폭탄 V1을 발사할 때마다 발생한 돌풍 때문에 군인들이 여섯 명씩 죽었다.

10. 스코틀랜드 군인들은 전쟁이 끝난 후에 체크무늬 굴뚝이 달린 배를 타고 고국으로 돌아갔다.

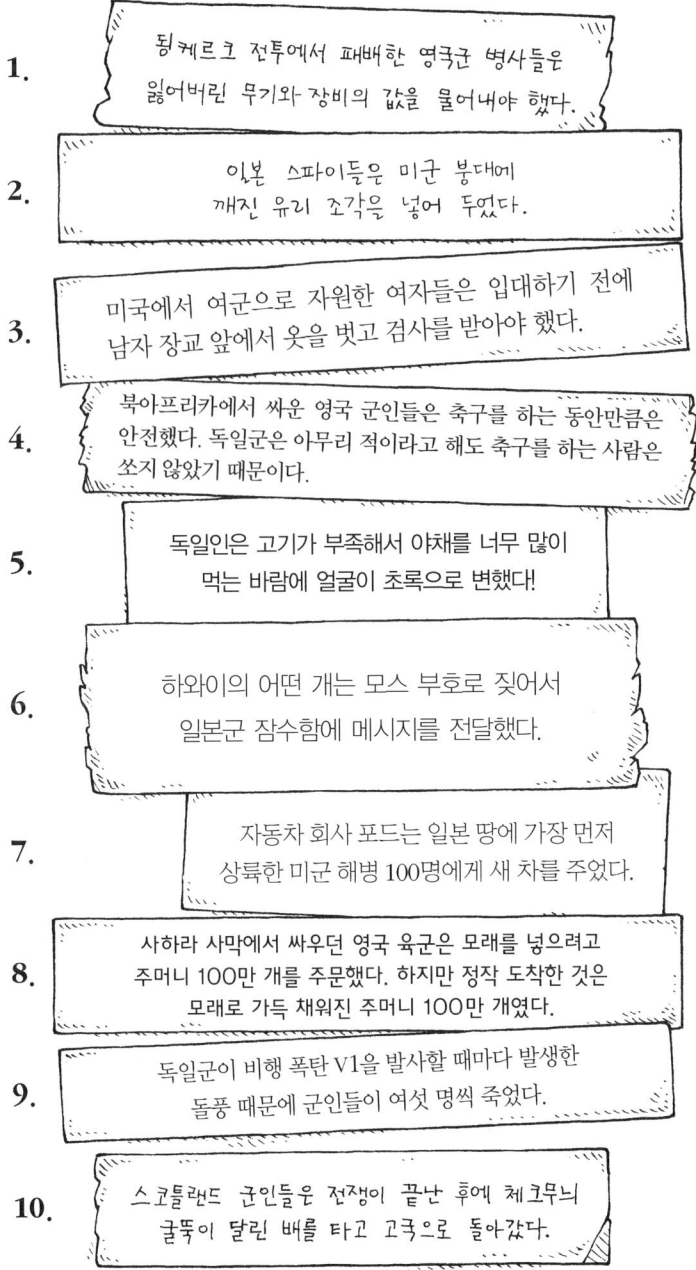

> **답:**
> 이 이야기들은 많은 사람들이 퍼뜨렸고, 또 믿었다. 하지만 이 중 진실은 하나도 없었다.

많은 미군 병사들은 전쟁이 끝나면 포드 자동차를 공짜로 받을 것이라고 믿었다. 하지만 그들이 받은 것은 공짜 문고판 책뿐이었다(기대했던 자동차와는 전혀 달랐을걸).

누가 이런 소문을 냈을까? 적군을 혼란에 빠뜨리기 위해 정부가 퍼뜨렸다. 예를 들어 영국정치선전본부는 여러 가지 소문을 꾸며 내 여행자와 외국 신문사에 퍼뜨렸다. 또 '좋은 소식'을 꾸며 내 영국 내에 퍼뜨렸는데, 많은 영국인이 이 소문을 믿었다.

*폭탄, 총포탄, 로켓탄, 수류탄 등의 탄환류 속에 불에 타기 쉬운 물질을 넣어 만든 포탄이나 폭탄.
**영국군은 실제로 석유에 불을 붙이는 실험을 하기는 했지만, 다행히도 이 실험을 실행에 옮길 일은 없었다.

요건 몰랐을걸

이상한 소문은 전쟁이 끝난 후에도 끊이지 않았다. 사람들은 히틀러가 베를린의 은신처에서 자살했다는 소식을 믿지 않았다. 그리고 히틀러가 살아 있다는 이야기가 수백 가지나 떠돌았다. 그중에는 이런 황당무계한 이야기도 있었다.

- 히틀러는 이탈리아의 동굴에서 숨어 지낸다.
- 히틀러는 스위스에서 양치기로 살아가고 있다.
- 히틀러는 프랑스의 카지노에서 일한다.
- 히틀러는 아일랜드에서 어부로 일한다.
- 히틀러는 잠수함으로 독일을 탈출해서 지금도 바다를 떠돌고 있다.
- 히틀러는 몇 년간 먹을 통조림이 비축된 스웨덴의 지하 은신처에서 살고 있다.
- 히틀러는 독일에서 세탁소를 운영한다.
- 히틀러는 네덜란드 커피 가게에서 웨이터로 일한다.

히틀러를 보았다는 가장 최근의 보고는 1992년에 있었다.*

---

*모두 허튼소리다. 히틀러가 런던의 교통 단속원이 되었다는 이야기도 마찬가지다.

진실이 된 거짓말

 미국 정부는 '거짓말쟁이부(정식 명칭은 사기진작부)'를 운영했다. 거짓말쟁이부는 1945년 8월에 일본에 끔찍한 대재앙이 닥칠 것이라는 이야기를 퍼뜨렸다. 사실은 비밀리에 개발된 핵폭탄에 대해서는 아무것도 모르면서 떠들어 댄 것이다. 그런데 진짜로 8월 6일에 최초의 핵폭탄이 일본 히로시마에 떨어졌다. 황당무계한 거짓말이 무시무시한 진실로 바뀐 셈이다.

 전쟁 중인 국가의 국민은 적을 증오해야 한다. 적을 어떤 대가를 치르더라도 물리쳐야 하는 야만인이라고 생각하는 편이 전쟁에 도움이 되니까. 그래서 미국에서는 한 미군 병사가 일본군 전쟁 포로수용소에서 이런 편지를 보냈다는 이야기가 널리 퍼졌다.

 병사의 엄마가 우표를 물에 적셔 떼어 내자, 우표가 붙어 있던 자리에서 진짜 메시지가 드러났다.

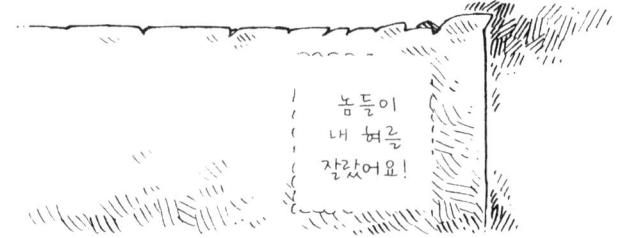

실제로 전쟁 포로들이 고문을 받기도 했지만, 이 끔찍한 이야기는 사실이 아니다. 그걸 어떻게 아느냐고? 그야 전쟁 포로가 보낸 편지에는 우표가 없었으니까!

독일도 어린이들을 위한 끔찍한 이야기를 꾸며 냈다. 지금부터 재미있는 이야기를 하나 들려줄 테니까, 여러분도 동생이 잠들기 전에 이 이야기를 들려주기 바란다. 단, 정말 싫어하는 말썽꾸러기 동생에게만 들려주자.

함부르크의 공포 - 무시무시한 동화
어린 소녀가 절뚝거리면서 폭탄으로 폐허가 된 길을 걸어갔다. 소녀는 빈집들을 지나서 돌무더기를 피해 조심스럽게 걸음을 옮겼다. 소녀의 몸은 대꼬챙이처럼 비쩍 말랐고, 신발 밑창은 다 닳아 있었다. 소녀는 검은 빵 한 덩어리를 가녀린 가슴에 꼭 안고 있었다.

날은 벌써 어두워지기 시작했고, 소녀는 밤이 되어 쥐가 밖으로 나오기 전에 얼른 집에 가고 싶었다. 비틀어진 가로등은 고장이 나서 불이 들어오지 않았다. 그런데 소녀가 걸음을 멈추었다. 골목길에서 달가닥거리는 소리가 희미하지만 규칙적으로 들려왔기 때문이다. 소녀는 그 자리에 얼어붙은 듯이 서서 소리가 나는 쪽으로 천천히 고개를 돌렸다.

그때 두꺼운 군복 외투를 입은 남자가 흰 지팡이를 짚고 더듬거리며 소녀 쪽으로 걸어왔다. 소녀가 뒤로 물러서는 순간, 발밑에서 돌이 달가닥거리는 소리가 났다. 남자는 걸음을 멈추고 어두운 색안경에 가려진 눈과 창백한 얼굴을 들고 쳐다보았다. "거기 누구 있소?"

소녀는 입이 바싹 말랐다. 마른 입술을 혀로 핥은 뒤 기어드는 목소리로 대답했다. "네, 아저씨."

남자의 지친 얼굴에 희미한 미소가 번졌다.

"꼬마 아가씨군. 이름이 뭐지?"

"게르다예요."

"게르다, 예쁜 이름이구나. 게르다, 조국을 위해 뭔가 하고 싶니? 우리가 이 전쟁에서 이길 수 있도록 말이야. 전쟁이 끝나서 매일 밤 폭탄이 날아오지 않았으면 좋겠지?"

게르다는 한 발짝 앞으로 다가섰다. "네, 그럼요!"

"넌 진정한 독일인이니?"

"네, 아저씨."

"그렇다면 너에게 비밀을 털어놓아도 되겠구나. 내겐 중요한 비밀 편지가 있단다. 이 편지를 당장 전해야 해. 하지만 난 눈도 멀고 몸도 약해졌단다. 바람처럼 뛰어갈 수 있는 민첩한 아이가 있으면 좋겠는데. 너 린덴 가가 어딘지 아니?"

"네, 아저씨."

"린덴 가 27번지에 신발 가게가 있단다. 그 가게에 가서 늙은 구두

수선공에게 한스가 보냈다고 말하렴."
 남자는 회색 외투 주머니에 손을 넣어 꾸깃꾸깃한 봉투를 꺼냈다. "그리고 이걸 수선공에게 주렴. 무슨 일이 있어도 봉투 속을 엿보면 안 된다."
 "네, 아저씨."
 "착한 아이로구나. 누가 불러도 멈추지 말고, 아무에게도 말하지 말고, 아무도 믿지 마라. 날이 어두워지기 전에 어서 가렴!"
 게르다는 봉투를 받고 뒤돌아서 달리기 시작했다. 텅 빈 거리를 달려 폐허가 된 학교와 조각난 나무 그루터기가 널린 공원을 지났다. 그런데 거의 진흙탕으로 변한 공원 잔디밭을 가로질러 뛰어가다가 그만 신발 밑창이 떨어져 나갔다. 그때 저 멀리 경찰서에서는 등화관제용 커튼을 치던 경찰관이 소녀를 지켜보고 있었다.
 소녀는 숨을 헐떡이면서 중얼거렸다.
 "날이 어두워지고 있잖아. 이 편지를 얼른 전해 주고 완전히 캄캄해지기 전에 집에 돌아가야 해."
 소녀는 갑자기 걸음을 멈추었다. 너무 갑작스럽게 멈추는 바람에 갈라진 포장도로 위로 발이 죽 미끄러졌다. 소녀는 정신을 차리고 뒤돌아서 경찰서로 걸어갔다. 경찰서 안에 앉아 있

던 늙은 경찰관이 빨갛게 충혈된 눈으로 소녀를 쳐다보았다.
"무슨 일이니?" 곤두선 콧수염이 사납게 보였지만, 경찰관의 목소리는 친절했다.

게르다가 사정을 이야기하자 경찰관은 고개를 끄덕였다.
"그래? 뭔가 수상하구나."
"저도 그렇게 생각했어요! 경찰서를 지나가다가 갑자기 생각이 났어요! 눈이 안 보이는 아저씨가 날이 어두워지는 걸 어떻게 알았을까요?"

경찰관은 외투를 집어 들어 어깨에 걸쳤다.
"내가 그 편지를 가지고 27번지로 가 보마."

그날 밤 게르다가 얇은 담요를 덮고 저 멀리서 들려오는 쿵쾅거리는 폭탄 소리를 듣고 있는데, 가까이에서도 쿵쾅거리는 소리가 들렸다. 누군가 대문을 두드리는 소리였다. 게르다의 엄마는 경찰관을 집으로 들였고, 게르다는 자리에 앉아 눈이 동그래진 채 귀를 기울였다. 경찰관은 게르다에게 자초지종을 설명해 주었다.

"린덴 가 27번지에 부부가 운영하는 구두 수선 가게가 있어. 내가 가게에 들어가니까 부부가 아주 불안해했지. 원래 구두 수선 가게에서는 오래된 가죽에서 나는 시큼한 냄새가 나지만, 그 가게에선 특히 고약한 냄새가 났어. 가게 주인은 핑계를 대더니 가게 뒷방으로 갔지. 난 뒷문을 여닫는 소리를 듣고는 주인이 도망쳤다는 걸

알았어. 그래서 가게를 둘러본 후에 지하실을 내려다봤지."

"거기에 뭐가 있었어요?" 게르다가 엄마의 숄에 매달리다시피 하면서 물었다.

"이 끔찍한 전쟁에서 본 그 어떤 것보다도 무시무시한 장면이었지." 경찰관은 신음하듯이 말했다.

"시체가 널려 있었어. 사람 시체 말이야. 굶주린 사람들에게 팔기 위해 토막을 쳐서 고깃덩이처럼 포장해 두었더구나."

게르다의 엄마는 가쁜 숨을 내쉬었다.

"저도 사람들이 사람 고기를 먹는다는 이야기를 들었어요."

하지만 게르다가 궁금한 것은 따로 있었다.

"편지에 뭐라고 쓰여 있었어요?"

경찰관은 게르다에게 편지를 건네주었다. 게르다는 종이를 펴서 편지를 읽었다.

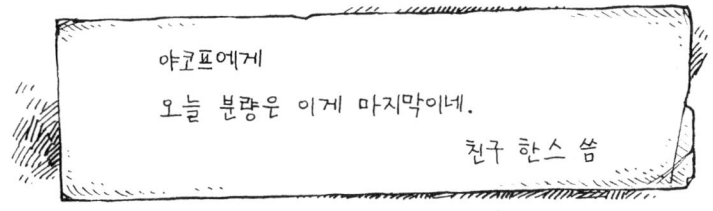

야코프에게
오늘 분량은 이게 마지막이네.
　　　　　　친구 한스 씀

게르다는 눈앞이 캄캄해지며 현기증이 났다.

"그러니까 제가……."

경찰관이 고개를 끄덕였다. "다음 희생자였지."

어때? 이건 실화일까? 아니면 단순히 빨간 모자 이야기의 배경을 전쟁으로 바꾸어, 못된 늑대 대신에 못된 장님 아저씨를 등장시킨 동화일까?

불쌍한 청소년들

제2차 세계 대전은 젊은이들의 전쟁이었다. 18세만 넘으면 영국군과 미군에 입대할 수 있었다. 영국군에서 30세가 넘은 사람은 무조건 '아저씨'로 불렸다.

무서운 청소년들

훌륭한 나치 대원을 만들려면 어떻게 하면 될까? 그거야 어릴 때부터 철저하게 훈련시키면 된다. 이것이 히틀러 유겐트 운동의 목표였다. 하지만 이것은 아돌프 히틀러와 나치가 처음으로 생각해 낸 방법이 아니었다. 이미 1800년대 말에 헤르만 호프만이 이 방법을 써서 '반더포겔', 즉 독일 청소년 운동을 조직했다.

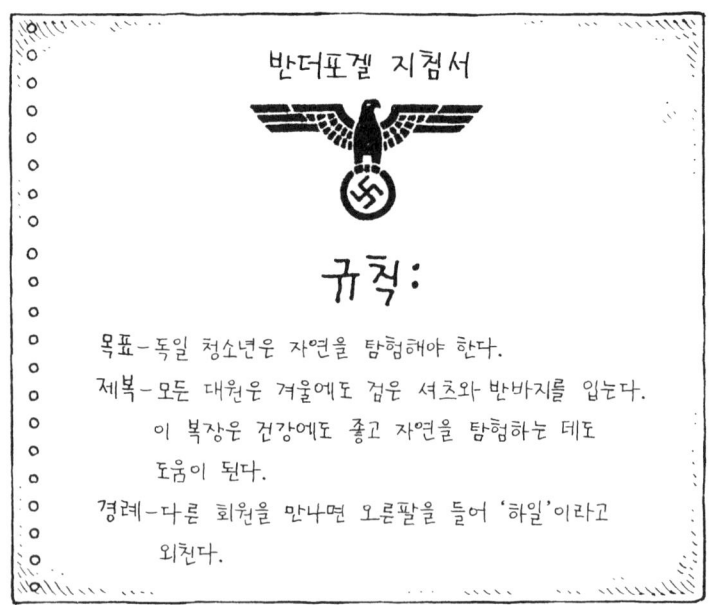

1936년에 15세부터 18세 사이의 모든 독일 소년들은 나치 청소년 조직인 유겐트에 가입해야 했다. 소년들은 '핌프'라고 불렸고, 시험을 치러야 했다. 시험은 50m를 12초 내에 달리고, 이틀간 도보 여행을 하며, 군가인 '호르스트 베셀(베셀은 공산당과 주먹다짐을 하다가 죽은 나치다)'을 암송하는 것이었다. 나치는 죽은 전우들의 영혼과 함께 행진한다는 이 노래를 부르면서 사기를 북돋웠다.

시험에 합격한 소년들은 '피와 명예'라는 문구가 칼날에 새겨진 나치 칼을 받았다. 10세부터 14세 사이의 소년들은 유겐트 유년단(융볼크)에 가입해서 좋은 나치가 되는 연습을 했고, 소녀들은 소녀단(융마델)에 가입했다.

나치 소녀의 의무

나치는 아주 까다롭게 완벽한 나치 여성상을 정의했다.

소녀단에 고함!

요제프 괴벨스 장관이 이렇게 말씀하셨다.
"여자의 임무는 미모를 가꾸고 아이를 낳는 것이다. 자고로 암탉은 수탉을 위해서 예쁘게 가꾸고 알을 부화해야 하는 법이다."

여러분은 예쁜 암탉으로 자랄 자신이 있는가?

잊지 말 것! 훌륭한 나치 소녀가 되려면……

- 머리를 틀어 올리거나 한 가닥으로 단정하게 땋는다.
- 금발을 아름답게 기른다.
- 화장을 하지 않는다.
- 립스틱을 바르지 않는다.
- 담배를 피우지 않는다.
- 엉덩이를 펑퍼짐하게 가꾼다.
- 절대 바지를 입지 않는다.

(18세 미만의 소녀가 담배를 피우다가 붙잡히면 2개월 징역형에 처해진다는 사실을 명심하기 바란다.)

요제프 괴벨스는 여자들이 분수에 맞게 부엌을 지켜야 한다고 굳게 믿었다. 그는 전쟁이 끝날 무렵에 히틀러 내각의 총리로 임명되었다. 괴벨스는 비쩍 마른 데다가 피부색과 머리색이 검어서, 그가 그토록 열심히 보존하려고 노력했던 '완벽한' 독일인과는 거리가 멀었다.

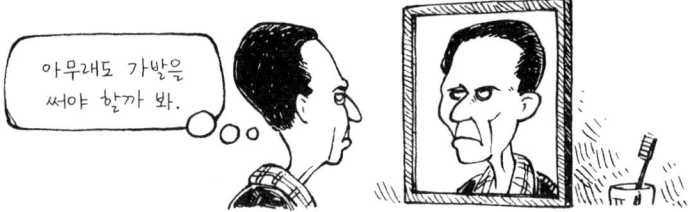

히틀러는 죽으면서 요제프 괴벨스를 후계자로 지명했다. 괴벨스는 진격해 오는 소련군에게 포위되었다는 것을 깨닫고, 아내와 여섯 명의 아이들(헬가, 하이데, 힐데, 헬무트, 홀데, 헤다)에게 독을 먹여 죽인 후에 자신도 독약을 먹고 자살했다. '독약 먹은 난쟁이'* 라는 별명이 붙은 괴벨스는 단 몇 시간 동안이나마 독일(당시 나치 독일의 영토는 채 얼마 안 되었지만)의 최고 지도자로 지냈다.

피난민 1
독일 어린이들은 폭격당한 도시를 떠나 충성스러운 나치당원 선생님이나 늙은 군인이 관리하는 수용소로 피난을 갔다. 수용소에서는 공부보다 군사 훈련을 더 중요하게 여겼다. 아이들에게 시험에서 낙제하는 것보다는 친구의 답을 베껴 쓰는 것이 낫다고 가르친 수용소도 있었다. 물론 여러분은 그것이 참 좋은 생각이라며, 여러분 학교도 그랬으면 좋겠다고 생각하겠

---

*요제프 괴벨스는 '신의 미키 마우스'라는 별명으로도 불렸다. 정말 잔인한 별명이다. 미키 마우스가 무슨 죄가 있다고!

지? 하지만 담임 선생님에게 이 방법을 제안하기 전에, 이 수용소에는 여러분에게 불리한 규칙도 있었다는 점을 알아 두기 바란다. 바로 방에서 먼지가 조금이라도 발견된 어린이들은 채찍질을 당했다는 것!

피난민 2

영국 어린이들은 도시를 떠나 교외에 있는 가정집으로 피난을 갔다. 하지만 어떤 도시 어린이들은 아무렇게나 자라서 호화로운 교외 가정집에 어울리지 않았다.

교외에 사는 어떤 우아한 아줌마는 피난민 아이의 엄마에게 이렇게 불평을 늘어놓았다.

엄마는 아이를 붙잡고 때리더니 이렇게 타일렀다.

어린이 전쟁 노동자

유겐트는 도대체 무슨 일을 했을까? 실제로 전쟁에 도움이 되는 활동을 했을까?

전쟁이 계속되고 어른들이 죽어 가자, 어른들이 하던 역할을 유겐트가 대신하게 되었다. 유겐트는 점차 무섭고 지저분한 일을 하게 되었는데, 그 위험성은 십자가 개수로 대략 표시되어 있다.

임무	위험성	등급
1939	병사들에게 '소집 영장'을 전달하고, 배급 카드를 나눠 주고, 곡식을 추수하고, 등화관제를 돕기 위해 보도를 흰색으로 칠했다(보수를 받았기 때문에 인기 임무였음).	보도를 칠하다가 차에 치이거나 추수를 하다가 발을 헛디뎌 탈곡기로 쓸려 들어갈 위험이 있었다.	✝
1940	집집마다 돌아다니면서 종이, 고철, 면도날, 병, 놋쇠, 구리를 수집했다.	면도날에 손을 베일 위험이 있었다.	✝
1941	소녀들은 군 병원에서 간호사를 돕고, 군 기지에서 군인에게 음식을 가져다주고, 탁아소에서 아기를 돌보았다.	부상병에게 고약한 전염병이 옮거나 아기에게 물릴 위험이 있었다.	✝

임무	위험성	등급
1942	대공 부대에 입대해서 적군 폭격기를 쏘고 탐조등을 조종했다. 이 임무는 15세 이상의 소년만 할 수 있었지만, 실제로는 그보다 훨씬 어린 소년 소녀들이 맡았다.	여군 부대가 비엔나 상공에서 미군 폭격기를 격추했다. 그러자 뒤따라오던 미군 폭격기가 여군 부대의 진지를 쏴 여군 세 명이 사망했다.	✝✝
1943	나치 친위대는 16세 이상의 유겐트 대원 1만 명을 모집해서 전투 부대를 만들었다. 일반 병사들은 담배를 배급받았지만, 청소년들은 담배 대신에 사탕을 받았다(하지만 청소년들은 배급 사탕을 좋아하지 않았다)!	어리다고 담배는 주지 않으면서 목숨이 위험한 전쟁터로 보내다니! 전투에 나간 청소년 1만 명 중에서 한 달 내에 무려 6000명이 사망했다.	✝✝✝
1944	16세 이상의 소년들은 한 명도 빠짐없이 군대에 가야 했지만, 11세밖에 되지 않은 어린이들도 많이 입대했다. 어린 소년들도 대전차포를 능숙하게 다루게 되었다.	미군은 대포를 조종하던 12세 소년들이 항복하지 않자 결국 전원 사살했다.	✝✝✝✝

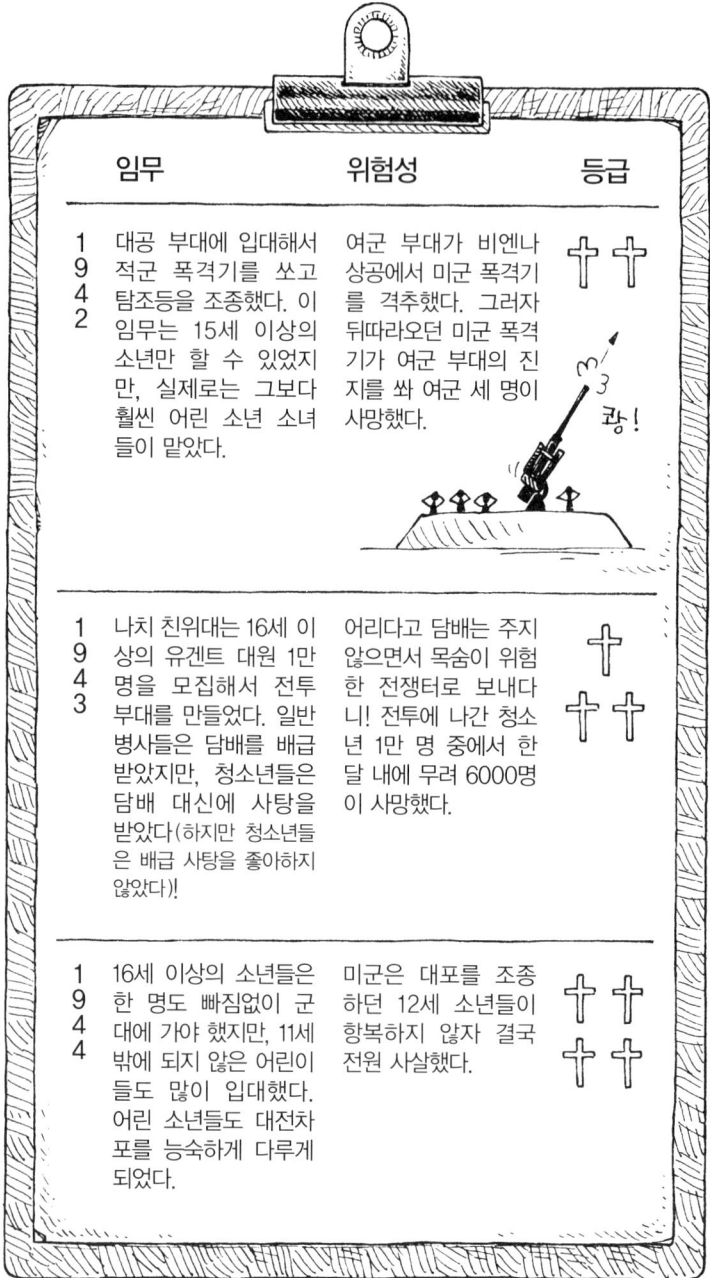

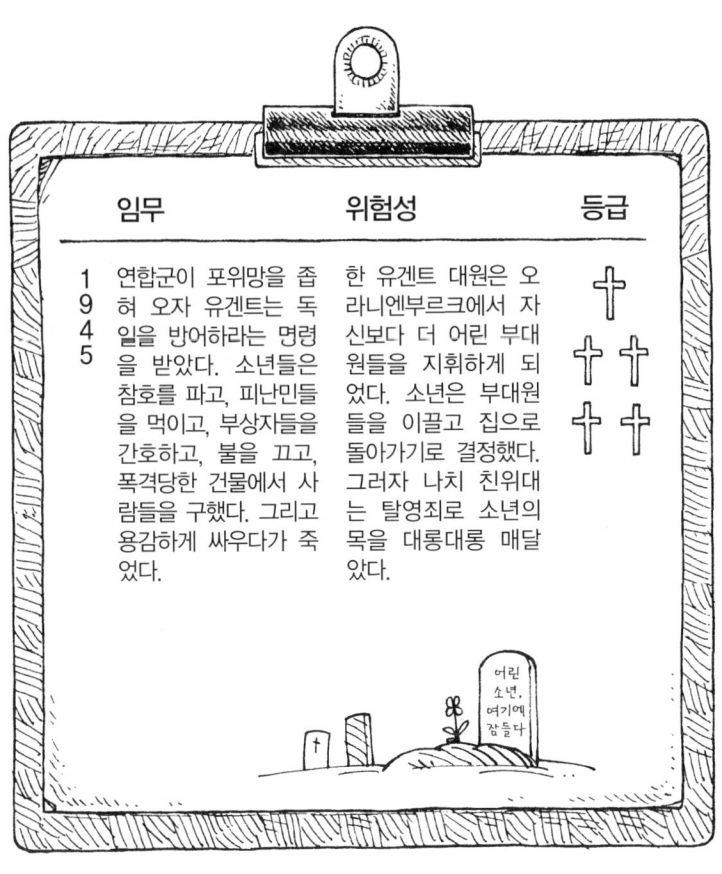

전쟁이 끝난 후에도 유겐트 대원들의 악몽은 끝나지 않았다. 연합국은 그들을 나치와 똑같이 취급했고, 전쟁 피해 복구를 돕도록 강요했다.

1945년 4월 30일, 미군은 뮌헨에서 10세부터 14세 사이의 유겐트 대원들을 포로로 데려갔다. 그리고 다음 날 다하우 강제 수용소로 보내 시체 치우는 일을 시켰다. 그중 한 소년은 나중에 이런 글을 남겼다.

"우리는 철도 대피선으로 끌려갔고, 거기서 화물차 문을 여는 명령을 받았다. 우리가 쇠막대기로 문을 열자 여자 해골이 굴러떨어졌고, 그다음부터는 아무것도 떨어지지 않았다. 통조림 속의 정어리처럼 시체들이 다닥다닥 붙어 있었기 때문이다."

그다음에 미군은 소년들을 화장터로 보내서 일을 시켰다!

전쟁이 시작되기 전, 유겐트는 보이 스카우트와 걸 스카우트 집단처럼 보였다. 여러분이라면 과연 유겐트에 가입했을까? 그리고 이 조직에 가입하기를 거부한 독일인은 어떤 보복을 받았을까?

불쌍한 반항자들

히틀러가 만든 잔인한 보이 스카우트에 가입하기를 거부한 사람들이 어떻게 되었는지를 알기는 어렵다. 정보가 얼마 남아 있지 않기 때문이다. 하지만 몇 가지 단서를 바탕으로 추측해 볼 수는 있다.

- 즐겁게 노는 사람들은 모두 부도덕한 죄를 저지른 것으로 취급되었다. 한 유겐트 대원은 '스윙 댄스(오늘날의 디스코와 비슷한 춤)'에 충격을 받아 다음과 같은 보고서를 썼다.

날짜: 1940년 2월

보고서: 함부르크 스윙 댄스 축제

사람들은 영국과 미국 음악에 맞추어서 춤을 추었다. 춤을 추는 광경은 차마 눈 뜨고 못 볼 정도로 역겨웠다. 남녀 몇 쌍이 서로 팔짱을 끼고 원 모양으로 선 뒤, 팔짝팔짝 뛰면서 손바닥을 마주치고, 심지어 서로 뒤통수를 문지르기까지 했다. 그리고 몸을 구부려 상체를 축 늘어뜨려 긴 머리카락이 얼굴을 스쳤고, 무릎을 꿇다시피 한 자세로 느릿느릿 걸었다. 남자들끼리 춤을 추기도 하는데, 이때 양 입가에 담배를 한 개비씩 문 채 춤을 추었다.

- 나치 친위대는 '청소년'을 처리하는 부서를 따로 두었다. 그리고 말썽꾸러기 청소년들을 처리하기 위해서 '청소년 강제 수용소'라는 특별한 수용소를 설립했다(이 수용소에 갇히는 것은 여러분이 학교에서 받는 벌보다 몇 배나 더 심한 벌이라는 사실만 알아 두도록).
- 1942년에 헬무트 휼무트라는 사람이 함부르크에서 체포되었다. 대체 그는 어떤 죄를 지었을까? 감히 BBC 라디오 방송을 듣고, 나치를 비난하는 유인물을 사람들에게 나누어 주는 죄를 저지른 것이다. 그래서 BBC 라디오 방송을 일주일 동안 쉬지 않고 계속 듣는 가혹한 고문을 당했느냐고? 아니, 그건 아니었다. 다만 그것보다 조금 더 심한 벌을 받았다. 헬무트는 사형을 당했다.
- 1943년에 요나탄 슈타르크는 소집 명령을 받았다. 그는 여호와의 증인 신도였기 때문에, 히틀러에게 맹세하기를 거

부했다. 그래서 1944년에 작센하우젠 수용소로 끌려가서 교수형을 당했다.

- 커피 가게에서 죽치는 반항아 집단들이 있었다. 그들은 나치가 싫어하는 체크무늬 셔츠와 낡은 모자를 걸치고 반지까지 끼고 다녔다. 이 반항아들은 '검은 패거리' 또는 '에델바이스 해적'이라는 무시무시한 별칭을 지어서 붙였다 (꽃 이름이 붙은 해적이라니! 여러분도 반 축구팀에 '장미 해적'이라는 무서운 별칭을 붙여 보면 어떨까? 그러면 상대편이 무서워서 벌벌 떨겠지?). 에델바이스 해적 같은 반항아 집단들은 독일군 탈영병들을 숨겨 주고, 전쟁 포로들이 탈출하는 것을 도왔으며, 심지어 게슈타포를 공격하기까지 했다. 1944년 가을, 에델바이스 해적은 쾰른의 게슈타포 지휘관을 암살했다.

이 반항아 집단의 대원들은 독일 전역에서 체포되었다. 운이 좋으면 머리만 깎이고 집으로 돌아갔지만, 운이 나쁘면 청소년 강제 수용소로 끌려갔다. 그리고 이 집단의 지도자들은 공개 교수형을 당했다.

- 1942년에 십대 청소년 네 명이 나치를 비난하는 포스터를 붙였다. 요즘도 정부를 비난하는 포스터를 붙이면 제재를 받는다. 그러니까 여러분도 괜히 따라 하지 말도록! 하지만

1942년 독일에서 이런 짓을 하는 청소년은 사형을 당했다.
- 한스와 조피 숄 남매는 뮌헨 대학교에서 나치를 반대하는 백장미 운동을 시작했다. 조피는 나치가 장애 아동들을 잔인하게 학살했다는 사실을 알게 되었고, 한스는 나치가 전쟁 중에 소련군에게 잔인한 짓을 저지르는 광경을 직접 보았다. 그래서 두 사람은 1942년에 뮌헨에서 만나 뮌헨 대학교 벽에 '히틀러는 물러나라.'라는 구호를 페인트로 썼다. 그리고 나치를 비난하는 유인물 수십 장을 대학교 창문에서 뿌렸다. 차라리 나치 친위대에게 우리를 제발 체포해 가라고 쓰지 그랬어. 그런 짓을 하고도 무사할 리가 없지. 결국 두 남매는 단두대에서 처형되었다.

어린 병사들

1944년에 독일군은 병사가 매우 부족했기 때문에, 어린 16세 소년들까지도 전방에 보내야 했다. 1945년, 소련군이 베를린으로 진격했을 때에는 12세 소년들이 베를린을 지키는 형편이었다.

그래서 한 12세 독일군 소년병이 베를린을 방어하는 임무를 맡게 되었는데…….

베를린 폭격

교칙은 정말 재미없다. 뭐? 교실에서 껌을 씹고 싶다고? 그건 교칙 위반이지. 교칙을 좋아하는 사람은 아무도 없을 것이다. 하지만 모든 규칙은 전쟁이 시작되면 사라진다. 전시에는 사람들이 각자 제멋대로 규칙을 만들고, 힘센 사람들이 권력을 차지하니까. 그렇게 되면 여러분도 규칙이 그리워질걸!

1945년에는 연합군이 독일 베를린까지 진격해 왔다. 일부 독일군 병사들은 연합군이 무서워 도망치다가 붙잡혀서 총살당하기도 했다. 클라우스라는 소년은 당시 상황을 이렇게 설명했다.

> 속옷 차림의 탈영병 시체들이 우리 집 근처에 있는 나무에 대롱대롱 매달려 있었어. 가슴에는 '우리는 히틀러 총통을 배신했다.'라고 적힌 쪽지가 붙어 있었지.
> 땅딸막한 외다리 나치 친위대 장교가 장전된 권총을 차고 목발을 짚고서 마을 거리를 활보했고, 부하들은 그 뒤를 따르면서 마을 사람들에게 겁을 주었어. 그 장교는 마음에 들지 않는 사람이 눈에 띄면 누구든 그 자리에서 사살했지. 친위대 패거리는 지하실에 들어가서 그곳에 숨어 있는 아저씨들을 모조리 밖으로 끌어냈어. 그리고 아저씨들에게 총을 주고 곧바로 전쟁터로 가라고 명령했지. 누구든 머뭇거리는 사람은 곧바로 총살당했어.

전선은 마을에서 얼마 떨어지지 않은 곳에 있었어. 먹을 것은 모조리 동이 났지. 물이 있는 곳은 이웃 동네에 있는 한 가정집 지하실밖에 없었어. 빵을 사려고 수백 명이 철모를 쓴 괴상한 차림으로 새벽 3시에 빵집 앞에 줄을 섰지. 소련군은 새벽 5시부터 폭격을 시작했거든. 사람들은 빵집 벽에 납작 붙어서, 그 자리에서 꼼짝도 하지 않고 줄을 서고 있었어. 소련군이 저공비행을 하면서 빵집 앞에 서 있는 사람들을 향해 기관총을 쏘아 댔지. 총탄에 맞아 죽은 사람들의 시체가 거리 여기저기에 널려 있었어. 물건을 쌓아 두기만 하고 팔지도 않던 가게 주인들이 이제는 물건을 팔기 시작했지. 물건을 사려고 시장에서 줄을 서고 있던 여자들 수백 명이 총탄 세례를 받고 산산조각이 났어.
사람들은 사망자와 부상자들을 마구잡이로 손수레에 실어 운반했어. 살아남은 여자들은 물건을 사려고 계속 줄을 섰지. 소련군은 진격하면서 화염 방사기를 발사했어. 지칠 대로 지친 독일군 병사들은 비틀거리며 물을 달라고 애걸했지. 창백하고 경련이 나는 얼굴로 이렇게 말하던 한 병사가 생각나. "우리 괜찮을 거야. 우린 북서쪽으로 갈 거야." 하지만 그의 눈빛은 전혀 다른 말을 했어. 마치 이렇게 말하는 것 같았지. "난 숨고 싶어. 숨을 곳을 찾아 줘. 더 이상은 못 참겠어." 난 그를 돕고 싶었지만, 우린 서로 아무 말도 하지 않았지. 그랬다간 겁쟁이로 몰려 상대가 나를 쏠 수도 있었으니까.

홀로코스트

나치는 악당 패거리였다. 그래서 여느 악당 패거리처럼 희생양을 찾으려고 했다. 히틀러는 국민에게 미워할 대상을 만들어 주었다. 열등한 인간들을 미워하라고 지시한 것이다. 그렇다면 히틀러가 생각한 열등한 인간은 누구였을까?

소련인과 유대인이 일등 후보였다.

나치는 소련을 정복해서 소련 영토를 지배하고 소련인을 노예로 삼으려는 계획을 실행에 옮겼다.

하지만 유대인은 다른 방식으로 처치할 계획을 세웠다. 히틀러의 심복 하이드리히는 이렇게 말했다.

우리는 유대인을 눈에 띄는 즉시 제거해야 해.

나치의 유대인 제거 계획은 '홀로코스트'라고 불렸다. 홀로코스트란 유대인을 깡그리 태워서 죽인다는 뜻이다.

천국으로 가는 길

나치는 유대인에게 구덩이를 파도록 시킨 후에, 유대인을 총살시켜서 그 구덩이에 파묻었다. 그런데 유대인 학살의 총 책임자인 히믈러에게는 걱정이 하나 있었다.

그래서 나치는 유대인을 트럭에 가두고 엔진에서 나오는 배기가스로 질식시켜 죽이는 실험을 했다. 실험 결과 유대인은 8분이 지나서야 죽었다. 뭐야, 너무 느리잖아!

나치는 마침내 독가스를 생각해 냈고, 독가스로 유대인을 빨리 죽이기 위해서 점령지인 폴란드의 시골에 트레블링카 집단 처형 수용소를 만들었다. 그곳에서 독일군 50명은 우크라이나 앞잡이들 150명의 도움을 받아 13개월 만에 약 100만 명에 이르는 유대인을 학살했다.

물론 나치는 유대인에게 "당신들은 죽은 목숨이야."라고 말하지 않았다. 유대인이 그 사실을 알았다면 숨거나 나치에 대항하거나 나치를 공격했을 테니까. 대신 나치는 처음부터 끝까지 유대인에게 거짓말을 했다. 그들은 가스실로 가는 길을 '천국으로 가는 길'이라고 불렀다. 하지만 그 길은 지옥 같은 가스실로 가는 길이었다.

트레블링카 역에 도착한 유대인은 약 2시간 후에 무덤 구덩이로 직행했다. 심지어는 1시간밖에 안 걸릴 때도 있었다.

지옥 탈출

동족을 죽이는 일을 도울 수밖에 없었던 트레블링카 유대인 수용자들은 1943년 8월 2일에 드디어 탈출 계획을 실행에 옮겼다.
- 수용자 한 명이 무기 창고의 열쇠를 복사했다.
- 수용자들이 무장했다.
- 나무 헛간에 소독약을 뿌리라는 명령을 받은 수용자들은 분무기에 휘발유를 넣어 나무 헛간에 뿌렸다.
- 헛간에 불이 붙었다.
- 나치 친위대와 우크라이나인 경비병들이 불을 끄는 사이에

수용자들은 탈출구를 찾았다.
- 유대인 수용자 150명이 탈출했다. 그중에서 100명은 다시 붙잡혔지만, 불에 탄 트레블링카 집단 처형 수용소는 재건되지 못했다.

나치는 독일이 전쟁에서 졌다는 사실을 깨닫자 집단 처형 수용소를 파괴하려고 했다. 트레블링카 집단 처형 수용소 터에 세워진 현장 기념비에는 '다시는 이런 일이 없기를' 이라는 문구가 적혀 있다.

수용자들의 유머

수용자들은 두려움을 유머로 바꾸어서 강제 수용소 생활을 견뎌 냈다. 유대인 수용자들 사이에서는 이런 농담이 크게 유행했다.

폴란드 경찰관 이야기

어떤 사람들은 전쟁을 핑계로 잔인한 짓을 저질렀다. 지금으로 치자면 관중들이 축구장에서 축구 경기를 핑계로 규칙을 무시하고 물건을 부수며 사람들을 때리는 것과 비슷하다. 축구 경기에서 난동을 피우는 관중은 소수이고, 다행히 전쟁에서 악마 같은 짓을 하는 사람들은 그보다 더 적다.

전쟁 중에 잔인한 행동을 한 사람보다는 용감한 행동을 한 사람들의 이야기가 더 많다. 그런데 여러분이라면 이 상황에서 어떻게 행동했을까?

1. 1939년에 독일군이 폴란드를 점령했지. 나는 동쪽에서 밀고 들어오는 소련군보다는 독일군의 지배를 받는 편이 낫다고 생각했어. 난 전쟁이 일어나기 전부터 바르샤바에서 경찰관으로 일했지. 독일군이 폴란드에 도착하자 나는 이렇게 외쳤어.

2. 독일군은 도시의 한 구역에 유대인 강제 거주 지역을 만들었고, 그곳에 유대인을 몰아넣었어. 그래야 유대인을 잘 감시할 수 있으니까 말이야. 유대인이 그곳에서 벗어나지 못하게 하는 게 내 임무였지. 나는 유대인을 싫어했고, 유대인도 날 싫어했어. 우린 가끔 강제 거주 지역에 들어가서 튼튼한 유대인을 골라 강제 노동 수용소로 보냈지.

3. 난 유대인을 독가스로 죽인다는 이야기를 들었지만, 무시하려고 했어. 하지만 우린 그 수용소에 들어가면 결코 살아서 나오지 못한다는 사실을 알고 있었지. 얼마 지나지 않아서 유대인 강제 거주 지역에는 여자와 아이들밖에 남지 않았어. 그러던 어느 날 독일군 사령관이 우리에게 명령을 내렸지.

4. 폴란드 경찰은 그 지역을 잘 알고 있었지. 유대인 강제 거주 지역의 집들은 숨을 곳이 아주 많았어. 유대인들은 우리가 오는 것을 눈치채면 복도와 계단과 지하실과 터널에 숨었지. 우리 폴란드 경찰은 유대인을 잘 알았어. 그래서 우리는 유대인에게 숨을 시간을 주지 않으려고 비밀리에 기습 공격 계획을 세웠지. 비밀 통로를 폐쇄해서 유대인들을 밖으로 끌어낼 계획이었어. 우리는 유대인이 모두 잠들어 있는 이른 시간에 유대인 강제 거주 지역으로 들어갔지.

5. 그러나 누군가 유대인에게 미리 경고를 해 주었어. 우리가 허름한 문을 열고 방에 들어가자, 평소와 다름없이 텅 비어 있는 방이 보였지.

6. 독일군 사령관은 지하실부터 다락까지 건물을 샅샅이 수색하라고 명령했지. 독일군 사령관도 우리와 함께 왔어. 사령관은 유대인을 찾을 수 있는 사람은 나밖에 없다는 사실을 알았지. 우리는 위층으로 올라갔고, 나는 내가 아는 모든 비밀 판자와 들창을 열어 보았어. 하지만 모두 텅 비어 있었지. 우리는 마침내 집 꼭대기까지 올라갔어. 그런데 천장에 구멍이 뚫려 있고, 거기에 사다리가 놓여 있었지.

7. 그래서 나는 손전등을 들고 긴 사다리를 오르기 시작했지. 사방이 너무 고요해서 서까래 아래에 누군가 숨어 있을 것

이라고는 생각할 수도 없었어. 하지만 난 계속 올라갔지. 드디어 다락방 입구까지 올라갔어. 만일 누군가 다락방에 숨어 있었다면, 그 자리에서 내 머리통을 깨 버릴 수 있을 만큼 가까운 거리였지. 나는 다락방 입구를 손전등으로 비췄어. 그러자 20명이나 되는 여자와 어린이들의 하얀 얼굴과 커다란 검은 눈동자가 보였지. 사령관이 내게 소리쳤어.

8. 그렇게 많은 유대인을 체포하면 엄청난 보상을 받을 거야. 승진도 하겠지. 나는 독일 점령군의 충성스럽고 믿음직한 하인이 되고, 독일군의 권력과 부를 나눠 가지겠지. 난 사령관 쪽을 쳐다보면서 이렇게 대답했어.

여러분이라면 뭐라고 대답했을까? 이 여자들과 어린이들이 체포되면 목숨을 잃겠지만, 이건 어차피 전쟁이잖아? 전쟁에서

는 매일 수천 명이 죽어 가는데, 20명쯤 더 죽는다고 뭐가 달라져? 무엇보다 중요한 건 내 아내와 가족이잖아.

그래서 이 폴란드 경찰관은 어떻게 했을까?

> 답: 그는 높은 사망률을 이용해 사망진단서에 "병들었거나 나이 많은 사람"이라고 기록해 유대인이 이미 죽은 것처럼 꾸몄다. 덕분에 많은 유대인이 살아남아 시온주의 단체나 저항군에 합류할 수 있었다. 또한 그는 수많은 유대인을 숨겨 주고 기독교인 신분증을 만들어 주기도 했다.

착한 나치

제2차 세계 대전은 단순히 '착한' 연합군과 '못된' 나치의 대결이 아니었다. 어린이들을 처형한 영국군도 있었고, 어린이들을 살려 준 나치도 많았다.

한 유대인 엄마가 독일군의 앞잡이인 리투아니아 병사와 마주쳤다. 병사는 여자의 머리에 총을 겨누었다. 병사의 손가락이 방아쇠를 조였다. 그는 유대인이라는 '죄'를 저지른 이 여자를 죽일 작정이었다.

그때 갑자기 독일군 장교가 나서서 여자를 구해 주었다. 장교는 병사를 쳐다보면서 이렇게 말했다.

역사는 나치를 심판했고, 나치는 대체로 '유죄' 판결을 받았다. 하지만 모든 나치가 유죄는 아니었다.

유대인 엄마와 세 어린이는 전쟁에서 살아남았다. 이 유대인 가족은 헛간 바닥에 뚫린 탁자 크기의 구멍 속에서 거의 1년을 지냈다. 전쟁이 일어나기 전에 그 마을에는 2만 5000명이 살았지만, 전쟁이 끝난 후 살아남은 사람은 30명에 불과했다.

끝맺는 말

1939년 9월 3일, 〈워싱턴 포스트〉 신문에는 이런 머리기사가 실렸다.

양측은 민간인에게 폭격을 하지 않기로 합의했다.

하지만 그로부터 6년 뒤, 미국은 그때까지 발명된 폭탄 가운데서 가장 무서운 폭탄을 일본의 히로시마와 나가사키에 투하했다.

이 6년 동안 무엇이 달라진 것일까? 바로 사람들이 달라졌다. 전 세계 사람들은 전쟁에서 너무 끔찍한 일을 많이 보았기 때문에, 전쟁이 빨리 끝나기만 한다면 수많은 무고한 민간인들이 죽는 것쯤은 아무렇지도 않게 생각하게 되었다.

1939년만 해도 사람들은 군인들만 전쟁에서 싸운다고 생각했다. 하지만 제2차 세계 대전이 이 생각을 싹 바꾸어 놓았다. 전쟁터로 나간 군인들은 물론이고 도시에 남은 민간인들까지, 모든 사람들이 전쟁에서 싸웠다.

한 미국인은 이렇게 말했다.

"총력전에서는 큰 공장을 가진 쪽이 이긴다."

제2차 세계 대전에서는 사람을 죽이는 것이 쉬워졌다. 단추 하나만 누르면 폭탄이 떨어졌기 때문이다. 단추를 누르는 사람은, 땅 위의 사람들이 당하는 고통을 보지 못한다. 하지만 진정한 전쟁의 공포는 눈 하나 깜짝하지 않고 수많은 사람들을 죽일 자세가 되어 있는 사람들이 많았다는 것이다. 그들은 눈곱만큼의 동정심도 없이, 비명을 지르는 여자와 어린이들과 연약한 노인들을 죽였다. 전쟁은 보통 사람조차 이렇게 만든다.

제2차 세계 대전이 역사상 가장 끔찍한 시기가 된 것은 수많은 무고한 민간인들이 희생되었고 일부 병사들이 끔찍하게 잔인한 모습을 보여 주었기 때문이다.

이렇게 무시무시한 역사를 반복하지 않으려면, 역사를 배우고 기억하는 것이 중요하다. 독일군의 공격으로 폐허가 된 오라두르쉬르글란 마을의 기념비에 새겨진 문구를 다 함께 읽어 보라.

기억하라!

그런데 정작 역사를 가장 잘 기억해야 하는 사람들이 왜 역사를 잊을까요?

제2차 세계 대전

소름 끼치는 퀴즈

여러분이 제2차 세계 대전의
전문가가 되었는지 확인해 볼 시간이다

제2차 세계 대전의 신기한 이야기

제2차 세계 대전에 관한 잠깐 퀴즈를 풀어 보라.
다음 중에서 괄호에 들어갈 말을 골라 보자.

> **보기**
>
> 군복, 16세 소년, 로렐과 하디, 모닥불, 수녀, 화장지, 여자,
> 감옥, 낙하산, 단두대

1. 영국군과 연합군은 위장용으로 모든 물품을 카키색으로 칠했다. 그들은 심지어 (　　) 까지 카키색으로 칠했다.
2. 영국의 국토수비군은 적군 낙하산 부대원들이 (　　) 로 변장한다는 이야기를 들었다.
3. 독일에서 어떤 스파이들은 (　　) 에서 처형되었다.
4. 이탈리아로 간 영국 군인들은 여름용 (　　) 을 입고 너무 추워서 죽었다.
5. 1940년에 영국에서 로이드라는 사람이 뒷마당에 (　　) 을 피운 죄로 체포되었다.
6. 미군 낙하산 부대원들은 (　　) 이 두 개였기 때문에, 영국군 낙하산 부대원들보다 안전했다.
7. 독일은 병사가 부족해지자 (　　) 을 전쟁터로 보냈다.
8. 나치는 바람직한 (　　) 는 엉덩이가 펑퍼짐해야 한다고 생각했다.
9. 독일 공장에서 지각한 노동자는 (　　) 에 갔다.
10. 이탈리아 지도자 무솔리니는 (　　) 중 한 사람을 닮았다고 한다.

간단 퀴즈

1. 1939년에 제2차 세계 대전이 시작되자 민간인들은 향토의용군(Local Defence Volunteers)에 입대하라는 권유를 받았다. 코미디언들은 LDV가 주위를 살피고(Look), 재빨리 숨은(Duck) 후에 어떻게 한다고 이야기했을까?

2. 1941년 봄에 히틀러는 포크스가 실패했던 어떤 일을 성공적으로 해냈다. 그것은 무엇이었을까?

3. 1940년에 어떤 사람이 담뱃불을 붙인 죄로 체포되었다. 그 이유는 무엇이었을까?

4. 영국 정부는 런던이 공습을 당할 경우 시민들이 지하 역사에 숨는 것을 금지했다. 똑똑한 런던 시민들은 어떻게 했을까?

5. 등화관제 때문에 자동차 전조등 불빛까지도 가려야 했다. 농부들은 길을 잃고 도로에서 헤매는 검은 소를 보호하기 위해서 어떻게 했을까?

6. 부모들은 왜 아이들의 모든 옷에 딱지를 붙여야 했을까?

7. 전쟁 중에는 원통형 우체통 윗부분을 초록이나 노랑으로 칠했다. 그 이유는 무엇이었을까?

8. 1945년에 전쟁이 끝나자 어떤 어린이들은 바나나 껍질을 벗기지도 않고 입에 넣으려고 했다. 그 이유는 무엇이었을까?

9. 1940년대 사람들은 '닭과 과일을 곁들인 베이컨 오리'를 먹었다. 이것은 무엇이었을까?

  a) 당근을 곁들인 쇠고기 수육

  b) 말린 토마토를 곁들인 오믈렛

  c) 달걀을 얹은 튀김 빵

10. 제2차 세계 대전 중, 미군은 병사들에게 다음 중 어떤 것을 먹으라고 권유했을까?

  a) 쐐기벌레

  b) 구더기

  c) 아무거나 손에 잡히는 대로

전쟁 용어

20세기 말에도 사람들은 여전히 폭탄을 투하하고 살인을 저질렀지만, 새로운 용어를 만들어서 조금이라도 덜 끔찍한 것처럼 들리게 하려고 애썼다. 여러분도 아래의 군사 용어의 의미를 알아맞혀 보라.

군사 용어	의미
1. 항공 지원	a) 사람
2. 아군의 오발	b) 파괴
3. 제거	c) 폭격기
4. 연성 목표물	d) 실수로 사람을 박살 내는 것
5. 부수적 피해	e) 귀찮은 사람을 암살하는 것
6. 무력화	f) 자기 편 병사를 쏘는 것

답:
제2차 세계 대전의 신기한 이야기
1. **화장지.** 적군은 하얀 천이 살짝만 스쳐도 금방 영국군이라는 것을 알아챘다.
2. **수녀.** 목사나 아이를 안고 있는 여자로 변장한다는 이야기도 있었다.
3. **단두대.** 1942년 8월에 독일 방첩 요원들은 스파이 46명을 색출했다. 남자 스파이들은 목을 매달아 죽였지만, 어찌 된 일인지 여자 스파이들은 단두대에서 처형했다.
4. **군복.** 군대에서 계획을 짜는 사람들은 이탈리아의 날씨가 매우 더울 것이라고 생각했다. 하지만 이탈리아는 춥고 습했고, 특히 산악 지역은 얼어붙을 듯이 추웠다.
5. **모닥불.** 영국인 로이드는 나치를 지지했다. 판사는 로이드에게 징역형을 선고했고, 로이드는 판사에게 나치식 경례를 붙였다.
6. **낙하산.** 영국군은 여분의 낙하산이 자리를 너무 많이 차지한다는 핑계를 댔지만, 사실은 낙하산 값을 감당할 수가 없어서 여분의 낙하산을 주지 않았을 것이다.
7. **16세 소년.** 전쟁이 계속되면서 건강한 장정들이 죽거나 포로로 잡히자, 독일군은 노인과 소년에게도 소집 명령을 내렸다.
8. **여자.** 나치는 이상적인 나치 여자는 금발을 기르고, 화장을 하지 않고, 바지를 입지 않으며, 머리를 틀어 올리거나 한 가닥으로 단정하게 땋아야 한다고 말했다.
9. **감옥.** 지각한 노동자는 징역 3개월 형을 선고받았다.
10. **로렐과 하디.** 무솔리니는 뚱뚱하고 키가 작았다. 그는 이탈리아의 통치자가 되면서부터 검은 양복을 입고 중절모를 썼다. 무솔리니는 올리버 하디와 꼭 닮았다는 말을 들은 후부터 양복과 중절모 대신에 군복을 입기 시작했다.

간단 퀴즈

1. 연기처럼 사라진다(Vanish). LDV는 후에 국토수비군이라고 불렸고, '노인 부대'라는 별칭이 붙었다.
2. 폭탄을 투하해서 영국 국회의사당을 날려 버렸다.*
3. 전쟁 중에 등화관제법을 위반했다.
4. 기차표를 사서 안전한 지하 역사로 대피했기 때문에 아무도 말리지 못했다.
5. 소 옆구리에 흰색 줄무늬를 그려 넣었다.
6. 아이들이 폭격을 맞아 산산조각이 날 경우를 대비해서 딱지를 붙였다. 끔찍하지만 엄연한 사실이다.
7. 무시무시한 겨자가스**가 떨어지면 페인트에 얼룩이 져서 독가스 공격이 있었다는 사실을 알 수 있었기 때문이다.
8. 바나나를 처음 보아서 어떻게 먹어야 할지를 몰랐기 때문이다.
9. c)
10. b) 미군 전장 지침서에 따르면 병사들은 구더기와 메뚜기는 먹어도 되지만(물론 날개하고 다리는 떼고 먹어야겠지!), 쐐기벌레는 절대 먹어서는 안 된다고 했다.

전쟁 용어

1. c) 2. f) 3. e) 4. a) 5. d) 6. b)

---

* 영국의 가이 포크스는 로마 가톨릭 혁명 단체의 구성원으로, 1605년에 폭약을 이용해 국회의사당에서 영국 왕 제임스 1세를 암살하려다 실패했다.
** 겨자가스는 눈이나 피부를 통해 인체에 흡수되는 독성 물질로, 제1차 세계 대전에서 처음으로 사용되었다. 겨자가스가 다른 화학 무기보다 무서웠던 이유는 당시에 겨자가스가 인체에 흡수되는 것을 막을 보호용 장구가 없었기 때문이다.

앗, 시리즈 (전 70권)

수많은 교사와 학생들이 한눈에 반한 책.
전 세계 2천만 독자의 인기를 독차지한 〈앗, 시리즈〉는 수학에서부터 과학, 사회, 역사까지, 공부와 재미를 둘 다 잡은 똑똑한 학습교양서입니다.

수학
- 01 수학이 모두 모여 수군수군
- 02 수학이 수리수리 마술이
- 03 수학이 수군수군
- 04 수학이 또 수군수군
- 05 수학이 자꾸 수군수군 1. 셈
- 06 수학이 자꾸 수군수군 2. 분수
- 07 수학이 자꾸 수군수군 3. 확률
- 08 수학이 자꾸 수군수군 4. 측정
- 09 대수와 방정맞은 방정식
- 10 도형이 도리도리
- 11 섬뜩섬뜩 삼각법
- 12 이상야릇 수의 세계
- 13 수학 공식이 꼬물꼬물
- 14 수학이 꿈틀꿈틀

과학
- 15 물리가 물렁물렁
- 16 화학이 화끈화끈
- 17 우주가 우왕좌왕
- 18 구석구석 인체 탐험
- 19 식물이 시끌시끌
- 20 벌레가 벌렁벌렁
- 21 동물이 뒹굴뒹굴
- 22 화산이 왈칵왈칵
- 23 소리가 속삭속삭
- 24 진화가 진짜진짜
- 25 꼬르륵 뱃속여행
- 26 두뇌가 뒤죽박죽
- 27 번들번들 빛나리
- 28 전기가 찌릿찌릿
- 29 과학자는 괴로워?
- 30 공룡이 용용 죽겠지
- 31 질병이 지끈지끈
- 32 지진이 우르쾅쾅
- 33 오싹오싹 무서운 독
- 34 에너지가 불끈불끈
- 35 태양계가 티격태격
- 36 튼튼탄탄 내 몸 관리
- 37 똑딱똑딱 시간 여행
- 38 미생물이 미끌미끌
- 39 의학이 으악으악
- 40 노발대발 야생동물
- 41 뜨끈뜨끈 지구 온난화
- 42 생각번뜩 아인슈타인
- 43 과학 천재 아이작 뉴턴
- 44 소름 돋는 과학 퀴즈

사회 · 역사
- 45 바다가 바글바글
- 46 강물이 꾸물꾸물
- 47 폭풍이 푸하푸하
- 48 사막이 바싹바싹
- 49 높은 산이 아찔아찔
- 50 호수가 넘실넘실
- 51 오들오들 남극북극
- 52 우글우글 열대우림
- 53 올록볼록 올림픽
- 54 와글와글 월드컵
- 55 파고 파헤치는 고고학
- 56 이왕이면 이집트
- 57 그럴싸한 그리스
- 58 모든 길은 로마로
- 59 아슬아슬 아스텍
- 60 잉카가 이크이크
- 61 들썩들썩 석기 시대
- 62 어두컴컴 중세 시대
- 63 쿵쿵쾅쾅 제1차 세계 대전
- 64 쾅쾅탕탕 제2차 세계 대전
- 65 야심만만 알렉산더
- 66 위풍당당 엘리자베스 1세
- 67 위엄가득 빅토리아 여왕
- 68 비밀의 왕 투탕카멘
- 69 최강 여왕 클레오파트라
- 70 만능 천재 레오나르도 다 빈치

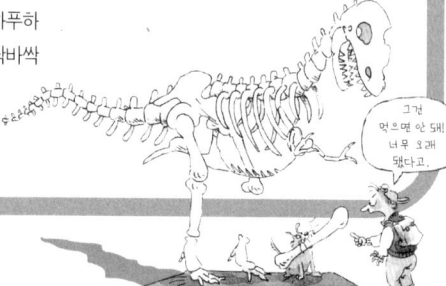